ALTERNATIV HEILEN

Herausgegeben von Gerhard Riemann

Sandelan wurde 1928 in eine Familie geboren, in der seit drei Generationen Musikberufe dominieren. Nach einer kaufmännischen Ausbildung fand Sandelan Ende der sechziger Jahre zu seiner wahren Berufung und wurde Heilpraktiker. Seine Spezialgebiete sind Chiropraktik, Homöopathie und Akupunktur. Seit 1985 ist er auch als Musiktherapeut erfolgreich.
Sandelan hat bisher 14 eigene Musikproduktionen herausgebracht, die der Entspannung und Heilung dienen und die in zahlreichen Praxen inzwischen einen festen Platz haben. Seminare und Vorträge über Musiktherapie runden seine berufliche Arbeit ab.

Wulfing von Rohr ist Fachbuchautor und Fernsehjournalist. Er recherchiert und schreibt über Themen aus den Bereichen Naturheilkunde, Esoterik, Meditation und Weltkulturen. Neben seiner Arbeit für das ZDF hat er eine Selbsthilfereihe über Naturheilkunde und esoterisches Wissen auf Video herausgegeben sowie eine Buchreihe »Magisch Reisen«. Wulfing von Rohr lebt in Santa Fe, New Mexico.

Dieses Buch wurde auf chlor- und säurefreiem Papier gedruckt.

Originalausgabe Januar 1995

Umschlagillustration Susannah zu Knyphausen
Satz Ventura Publisher im Verlag
Druck und Bindung Ebner Ulm
Printed in Germany
ISBN 3-426-76084-3

2 4 5 3 1

Sandelan
Wulfing von Rohr

Einklang

Heilen mit Musik
(Mit CD)

Knaur

Inhaltsverzeichnis

Dank und Widmung

Danken möchte ich besonders herzlich meiner lieben Frau und meiner Familie für ihr Verständnis und ihre Geduld. Danken möchte ich der inneren Führung, daß sie mich zu meiner Lebensaufgabe geleitet hat, Heilung und Musik als eine Einheit zu begreifen und zu praktizieren.
Von Kindesbeinen an musiziere ich. Als Heilpraktiker arbeite ich seit nunmehr zwanzig Jahren. Meine Erfahrungen in der Musiktherapie habe ich vor allem mit Musik gewonnen, die speziell und ganz bewußt für besondere Schwingungszustände komponiert und gespielt wurde. Viele Patienten haben sowohl in meiner eigenen Praxis als auch in anderen Naturheilpraxen, Arztpraxen und Krankenhäusern, aber auch in Meditationskreisen und natürlich bei sich zu Hause diese Musiken angewandt und eine Linderung ihrer Leiden und Unterstützung ihrer Heilung erfahren dürfen.

Widmen möchte ich dieses Buch allen Patienten, mit denen ich zusammen so vieles über die wundersame Heilwirkung von Musik erfahren durfte. Ich widme es aber auch all jenen Menschen, die die Musiktherapie als wesentlichen Bestandteil unserer Naturheilverfahren noch nicht kennen, sie aber kennenlernen möchten. Ausdrücklich möchte ich Sie ermuntern, die Heilwirkungen harmonischer und dynamisch-beseelter Musik für Körper, Geist und Seele auszuprobieren!
Über Ihre Erfahrungen mit spezifischen Wirkungen besonderer Musikstücke oder Klänge in Ihrer Heilpraxis wie über Ihre persönlichen Erfahrungen mit Musiktherapie würde ich mich freuen.

Vorwort

Seit der Antike nutzen Menschen die heilenden Kräfte von Ton und Klang, von Sprache und Musik. In den Urzeiten Indiens, als die heiligen Veden entstanden, wußte man bereits von den wundersamen Wirkungen bestimmter Mantras. Im antiken Griechenland beschrieb der Philosoph und Mathematiker Pythagoras die Musik der Sphären. Die tanzenden Derwische, die islamischen Bettelmönche, geben sich einer übersinnlichen Ekstase hin, die sich durch eine spezielle Musik und Bewegung einstellt. Die gregorianischen Chöre besangen nicht nur die Herrlichkeit des Herrn, sondern versetzten die Sänger in eine heilige Entrücktheit.

Moderne wissenschaftliche Untersuchungen haben nachgewiesen, daß Musik je nach ihrer Art sehr spezifische Wirkungen hervorbringt, nicht nur seelisch-emotionale, sondern auch körperlich-psychosomatische. Diese reichen von Entspannung und Heilung bis zur Wachheit und Intelligenzförderung wie auch bei »ungünstiger« Musik zur Nervosität und Melancholie.

Wie kann man Musik nun gezielt nutzen, ob zur Steigerung des allgemeinen Wohlbefindens oder als Heilmittel im Verbund mit anderen Maßnahmen bei konkreten Gesundheitsstörungen und regelrechten Krankheiten?

In diesem Buch »Einklang – Heilen mit Musik« werde ich Ihnen aus meiner Erfahrung als Musiktherapeut, Heilpraktiker und Musiker aufzeigen, welche Grundgedanken in der Musiktherapie zu beachten sind, wie Musik auf die endokrinen Drüsen wirkt, wie man Musiktherapie sinnvoll mit Akupunktur verbindet, welche direkten Heilwirkungen ausgewählte Klänge auf bestimmte Organe ausüben.

Sie erhalten praktische Hinweise für die Arbeit mit Tönen und Instrumenten wie Musikbeispiele, und ich zeige Ihnen, wie man von Krankheitssymptomen zur richtigen Musik finden kann. Eine Reihe von Fallbeispielen aus meiner Praxis rundet unser Thema ab.

Mögen Sie aus diesen Erfahrungen viel Nutzen ziehen!

Koblenz und Santa Fe,
im Sommer 1994 *Sandelan*

Schläft ein Lied in allen Dingen,
die da träumen fort und fort,
und die Welt hebt an zu singen,
triffst du nur das Zauberwort.

Joseph von Eichendorff

1

Heilung durch Musik

Die Welt ist Klang

»Im Anfang war das Wort, und das Wort war bei Gott, und Gott war das Wort ... Alle Dinge sind durch dasselbe gemacht ... In ihm war das Leben, und das Leben war das Licht des Menschen. Und das Licht scheint in der Finsternis, und die Finsternis hat's nicht ergriffen.« Mit diesen eindrucksvollen Worten beginnt das Johannesevangelium. Aus dem Meer des göttlichen Bewußtseins erhob sich die Schöpferkraft und brachte sich als die Schwingung des *Wortes*, der kosmischen Musik zum Ausdruck, aus der alles andere entstand.

Wir finden ähnliches in allen Kulturkreisen, zu allen Zeiten, ob im Osten, ob im Westen.

O Gott, führe meine Seele an jenen gesegneten Ort,
wo die Symphonien fließen.
Erhebe dich über deinen mentalen Horizont, o tapfere
Seele, und höre auf die Musik, die von oben herab kommt.

Maulana Rumi

Durch das wahre Wort erkennt man die Wahrheit,
mit dem wahren Ton besingt man die Herrlichkeit des Herrn.
Shabd Dhun oder der Tonstrom ist sowohl wahres Wissen
und wahre Meditation und bleibt dennoch unbeschreiblich.

Guru Nanak

Der Mensch lebt nicht vom Brot allein,
sondern von einem jeglichen Wort,
das durch den Mund Gottes geht.

Mt 4,4

Das *Wort* ist bei den Hindus Nada und Bani, bei den Sikhs Naam und Shabd, Kalam und Nida-i-Asmani sagen die Sufis, die Musik der Sphären Pythagoras oder die Stimme der Stille die Theosophen. Die Schwingung des inneren Wortes ist die Verbindung zwischen der Seele und ihrem göttlichen Ursprung. Die innere Musik vermag den Menschen zurückzuführen in die Einheit, aus der er kommt, die sein Geburtsrecht ist und sein eigentliches Lebensziel darstellt. Man kann sie mit dem inneren Ohr, mit der bewußten Seele wahrnehmen, unmittelbar innen hören.

Äußere Musikinstrumente sind als Versuch entstanden, die innere Musik äußerlich hörbar und nachempfindbar zu machen und die Menschen an das Wunder eines bewußten Menschseins zu erinnern, das in Harmonie mit dem Schöpfer und allen seinen Geschöpfen schwingt. Äußere Musik ist der Versuch, an die Schönheit eines verlorenen Paradieses der friedvollen und dynamischen Einheit aller Lebewesen zu erinnern. Im höchsten Sinne vermag äußere Musik das Gemüt darauf vorzubereiten, sich für die inneren Sphärenklänge zu öffnen, die aus geistig-spirituellen ewigen Regionen unsere Seele zu sich rufen.
Die innere Musik ist eine Brücke zwischen Gott und Mensch, die äußere Musik wirkt als Brücke von Mensch zu Mensch, und wenn der Komponist und Musiker für Gott offen ist, auch als Brücke zu Gott. Wenn unsere Musik, die wir komponieren, spielen und hören, beseelt ist, meditativ gestimmt, von harmonischen, lebendigen und positiven Schwingungen getragen wird, schenkt

sie uns eine Ahnung vom Zauber des Lebens, das es von uns zu entdecken gilt. Sie beschwingt und rührt uns an, sie trägt uns über das kleine Ich hinaus in eine Einstimmung in die wundersame Einheit der ganzen Schöpfung.
Die rechte Musik führt uns zum Wissen der innigen Verbundenheit unserer Seele mit dem großartigen fundamentalen Gesetz der Resonanz, zur Liebe und Kraft, die von Gott ausgeht und in jedem von uns wirken kann. Musik vermag uns zu öffnen für intuitive Einsicht in unseren Sinn und für heilende Ganzheit an Körper, Geist und Seele.

Der deutsche romantische Dichter Joseph von Eichendorff (1788 bis 1857) sprach vom »Zauberwort«, das wir zu treffen haben, um das Lied zu hören, das in allem Leben und in der ganzen Welt erklingt. Beseelte Musik ist wie ein Zauberwort, das uns den Zugang zu den geheimnisvollen Reichen öffnet, in denen etwas so Ungreifbares wie Musik uns beglücken, heilen, erheben und zu uns selbst führen kann.

Die Welt ist Klang, die gesamte Schöpfung ist aus einer einzigen Urschwingung entstanden. Von alters her wußten die Menschen, daß sich die Himmelssphären nach kosmisch gültigen Gesetzen der Harmonie ausrichten.

Der griechische Philosoph und Mathematiker, Mystiker und Musiker Pythagoras (um 570 v. Chr. bis um 497/96 v. Chr.) lehrte bereits, daß eine besondere Form der »okkulten« Mathematik, Musik und Astronomie die Grundpfeiler aller Künste und Wissenschaften bildeten. Er entdeckte direkte therapeutische Kräfte, die in bestimmten Formen von Musik schlummern, und gab Anweisungen besonderer Harmoniefolgen für eine Reihe von Krankheiten. (Wir wissen leider heute nur, daß er dies tat, die

konkreten Anweisungen und Harmoniefolgen sind nicht überliefert.) Er verschrieb auch die Rezitation ausgewählter Strophen aus den Epen »Odyssee« und »Ilias« von Homer (8. Jh. v. Chr.) zu medizinisch-therapeutischen Zwecken.
Nach Pythagoras bestand ein unmittelbarer und unverrückbarer Zusammenhang zwischen mathematischen und musikalischen Gesetzen, zwischen mathematischen Proportionen und musikalischen Harmonien.
Pythagoras selbst experimentierte mit sieben Tonarten der damaligen griechischen Musik und fand heraus, daß sie unterscheidbare Stimmungen im Menschen hervorrufen. Dazu gibt es in der Überlieferung Begebenheiten, welche die Wirkung von Musik unterstreichen: Empedokles (490 v. Chr. bis um 430 v. Chr.), ein Schüler des Pythagoras, soll einem seiner Gastgeber, dem Anchitus, das Leben gerettet haben, indem er – als dieser von einem Eindringling mit dem Schwert bedroht wurde – die Tonart der gerade gespielten Musik wechselte. Äskulap, der griechische Gott der Heilkunde, Sohn des Apolls, »Urvater« der griechischen Ärzte, auf den sich auch heute noch die medizinischen Professionen berufen, soll Ischias und andere Nervenbeschwerden geheilt haben, indem er in Gegenwart der Patienten eine laute Trompete blasen ließ.

Johannes Kepler, der deutsche Astronom, Astrologe und Philosoph (1571 bis 1630), stellte bestimmte Gesetzmäßigkeiten fest, die in der ganzen Welt ihre Gültigkeit besitzen. Er sprach von einer Weltharmonie, die musikalischen Gesetzen folge. Der Musikphilosoph Rudolf Haase wertet Keplers Erkenntnisse etwa so: Keplers harmonische Weltvorstellung beruht auf wissenschaftlich nachweisbaren Gesetzen und auf Methoden, die mit der Natur des Hörsinns und den Grundlagen der Musik übereinstimmen.

Der Ton macht die Musik

Das ganze Leben besteht aus Schwingung. Wenn das Leben natürlich fließt und »gesund« ist, pulsiert die Energie auf rhythmische Weise. Mit den Augen nehmen wir Schwingungen des sichtbaren Lichts wahr, etwa zwischen Infrarot und Ultraviolett. Über die Haut nehmen wir Kälte und Hitze, Feuchtigkeit und Trockenheit sowie elektrische Spannungen wahr. Durch die Nase nehmen wir Düfte und ihre Schwingungen auf. Mit Gaumen und Zunge bilden wir selbst Tonschwingungen, in Sprache und Gesang. Und über die Ohren schließlich nehmen wir Geräusche und Klänge aus der Außenwelt wahr. Über unsere Sinne und ihre Fähigkeit, Schwingungen aufzunehmen, einzuordnen und zu »bewerten«, stehen wir mit der Welt in ständiger Verbindung.

Über den Gesichtssinn, also die Augen, nehmen wir etwa 80 Prozent aller Sinneseindrücke auf, über den Gehörsinn etwa 15. So groß der Anteil des Gesichtssinns allerdings ist, ist er doch sehr beschränkt, wörtlich gemeint. Wir sehen nur in eine Richtung, nach vorn, und verfügen über ein mehr oder weniger großes Blickfeld. Wir schauen gezielt in eine bestimmte Richtung. Wir sehen nur mit geöffneten Augen.
Über die Ohren hören wir indes rundherum, wir nehmen auf subtile Weise den Raum als Wirklichkeit wahr. Unsere Ohren können wir nicht mechanisch schließen wie unsere Augen. Wenn Sie die Augen einen Moment lang schließen, erfahren Sie, wie Tonschwingungen um Sie herum die Räumlichkeit Ihrer Situation vermitteln. Der Gleichgewichtssinn des Menschen ist, wie wir wissen, im Ohr angesiedelt. Unsere Bewegung im Raum hat offensichtlich sehr viel mit der akustischen Orientierung zu tun.

Unsere Hörfähigkeit ist genauer und subtiler als unser Gesichtssinn. Wenn man Licht ungefähr 25–50mal pro Sekunde ein- und ausschaltet, nehmen wir die Unterbrechung des Lichts nicht mehr wahr: Das ist das Prinzip des störungsfreien Genusses eines Films, der bekanntlich mit 25 (Doppel-)Bildern pro Sekunde abgespielt wird, zwischen denen eine kurze Zeit lang kein Licht aufscheint.
Unser Ohr hört jedoch Tonunterbrechungen noch bis zu $^1/_{500}$ Sekunde! Erst bei noch schnellerer Abfolge von Einzeltönen bildet sich subjektiv für unser Ohr ein einziger Ton. Nachrichtentechniker können Morsezeichen akustisch etwa fünfmal schneller übermitteln als über Lichtsignale.

Wenn der Lebensfluß blockiert ist und die Energien gestaut sind oder sehr unregelmäßig fließen oder eruptiv hervorbrechen, sprechen wir von Krankheit.

Es gibt kaum eine Funktion des Körpers, die nicht durch Töne, Klänge und Musik beeinflußt werden kann. Die Enden oder »Wurzeln« der Hörnerven sind weiter verzweigt und besitzen weitreichendere Verbindungen als alle anderen Nerven im Körper.
Untersuchungen haben ergeben, daß Musik unsere Verdauungsvorgänge beeinflußt, die Funktion der inneren Drüsen, den Kreislauf, die Nahrungsaufnahme und die Atmung. Sogar die neuralen Vernetzungen des Gehirns scheinen nach Prinzipien der Harmonik zu arbeiten.
Musik wirkt auf den Menschen in zweifacher Hinsicht ein. Töne und Klänge beeinflussen erstens unmittelbar die Zellen und Organe. Zweitens wirkt Musik auf unsere Psyche und ruft bestimmte Gefühle hervor oder verstärkt sie.
David Tame führt in seinem Buch »Die geheime Macht der

Musik«[1] einige überzeugende Beispiele für Wirkungen von Musik an, die ich gern vorstelle.

So sagt er, daß sich der Kehlkopf in seiner inneren Spannung während musikalischer Melodien verändert, er wird zum Beispiel bei absteigenden Akkorden angespannter. Wenn Muskeln stark beansprucht worden sind und der Mensch sich eher matt fühlt, so senkt Musik in einer Moll-Tonart die Arbeitsfähigkeit des Muskels herab.

Sicher ist, daß Musik den Blutdruck heben oder senken, den Stoffwechsel anregen oder beruhigen kann und noch viele andere Wirkungen ausübt, die bislang noch nicht systematisch untersucht und dokumentiert worden sind.

Hier die Ergebnisse zweier aufschlußreicher Einzelversuche:

- Schrille Töne, die auf ein flüssiges Medium gerichtet werden, lassen Eiweiß gerinnen. (Angeblich bedienten sich junge Rockfans in den USA dieser Erkenntnis und legten rohe Eier während Konzerten auf die Bühne, um nach der Vorstellung harte Eier verspeisen zu können. Das wenigstens berichten die amerikanischen Ärzte Flosdorf und Chambers.) Wenn Menschen nun viele Stunden der Woche Töne hören, die einen Eiweißgerinnungseffekt hervorrufen können, kann man sich die drastischen gesundheitlichen Folgen ausmalen.
- Bei extrem hohen Lautstärken von 100 bis 120 oder gar 130 Dezibel (die natürliche Gefahren- und Schmerzschwelle beginnt bei 90 Dezibel) schüttet der Organismus das Hormon Epinephrin (= Adrenalin) in den Blutkreislauf aus, so, wie es auch während Streß- oder Angstsituationen geschieht. Daraufhin schlägt das Herz schneller, die Blutgefäße ziehen sich zusammen, die Pupillen erweitern sich, die Haut wird blasser, und innere Organe wie Magen, Darm und Oesophagus (= Speiseröhre) werden oft von Krämpfen erschüttert.

Anhaltende übermäßige Lautstärke kann zu Herzflattern führen. Eine dreijährige Studie eines deutschen Max-Planck-Instituts wies nach, daß bereits eine Lautstärke von 70 Dezibel regelmäßig zu Venenverengung führt.[2]

Daß Musik auch bewußt aggressiv und zerstörerisch wirken soll, kennen wir aus bestimmten Marsch- und Militärmusiken, die zum blinden Befolgen von Befehlen, zum vermeintlich mutigen Einsatz von Leib und Leben und anderen abstrusen Zielen aufrufen. Grundsätzlich können wir feststellen, wenn wir uns in der eigenen Umwelt umhören, daß »der Ton die Musik« macht. Angenehme Vorgänge und Situationen sind mit harmonischen Schwingungen verbunden: das emsige Summen der Insekten über einer Sommerwiese, das muntere Sprudeln eines Bächleins im Wiesengrund, der melodische Flügelschlag von Enten, die über den Bruch ziehen – nicht umsonst spricht man vom »Klingen« des Flügelschlags, dem vielfältigen Tirilieren der Vögel in Büschen und Bäumen. Dagegen verursachen materiegebundene Prozesse Geräusche, die unser Nervenkostüm belasten – seien es Fabrikationsmaschinen, Fahrzeuglärm, Computergebläse und dergleichen mehr.

Daß Musik auch auf Tiere und Pflanzen wirkt, weiß man inzwischen wieder.
Bei einer harmonischen Musik legen Hennen mehr Eier und geben Kühe mehr Milch. David Tame schreibt, daß Stockhausen, der einmal eine Hühnerfarm besucht habe, wo der Strauß-Walzer *An der schönen blauen Donau* gespielt wurde, bemerkt haben soll: »Bei meiner Musik würden sie wahrscheinlich nur Durchfall bekommen.«
Im Tierexperiment bot man Ratten zwei Aufenthaltsorte an, einen, in dem eine Musik von Johann Sebastian Bach erklang,

einen anderen, in dem Rockmusik ertönte. Die Ratten bevorzugten den Raum, in dem die Musik von Bach spielte. Und als die Bänder getauscht wurden, tauschten die Ratten den Raum.

Vielleicht noch verblüffender und überzeugender sind Pflanzenversuche mit Musik, weil wir glauben, daß psychische Reaktionen wie bei Menschen und Tieren weitgehend ausgeschaltet sind und somit der Pflanzenversuch zu »objektiveren« Ergebnisse führt.
In Kanada und in der ehemaligen Sowjetunion experimentierte man mit Weizenkeimlingen. Im kanadischen Labor wurden die Keime mit harmonischen Tönen beschallt und wuchsen dreimal so schnell wie eine Kontrollgruppe. Die sowjetischen Keimlinge wuchsen bei Ultraschallschwingungen und erwiesen sich als frostbeständiger und deutlich ertragreicher als normale Weizenkeime.
Geranien wachsen bei Bachs *Brandenburgischen Konzerten* besser und schöner als ohne Musik. (Eine Beschallung mit einigen wesentlichen Sequenzen daraus erbringt zwar bereits ermutigende Resultate, sie sind aber nicht so beeindruckend, wie wenn die Konzerte in ihrer Ganzheit und Einheit gespielt werden, berichtet Tame.)
Die »Denver Post« berichtete von dem Versuch einer Hausfrau, die ihre Petunien zwei verschiedenen Radiosendern aussetzte, einer Rockstation und einem Sender, der weichere Musik ausstrahlte. Innerhalb eines Monats starben alle Petunien, die Rockmusik »hörten«; die anderen brachten viele Blüten hervor und wuchsen zu dem Radio hin. Die Hausfrau, eine gewisse Dorothy Retallack, kommentierte das so: Könnten die dissonanten Klänge, die wir heutzutage hören, mit ursächlich verantwortlich dafür sein, daß die Menschheit so neurotisch wird?
Der indische Botaniker und Wissenschaftler Singh fand heraus,

daß harmonische musikalische Tonschwingungen die strömenden Bewegungen um das Zell-Protoplasma von Pflanzen erhöhten. Er stellte auch fest, daß Klänge der Violine zu den Tönen gehören, welche die Lebens- und Entfaltungskräfte am deutlichsten förderten.

Harmonie als Heilungsprinzip

Der Münchner Arzt und Autor Heinrich Klaus stellt zur Heilwirkung von allgemeiner Entspannungsmusik unter anderem fest: »Langjährige Erfahrung mit Entspannungskassetten in meiner Praxis hat gezeigt, daß die Wirksamkeit von Schmerzbehandlung, Streßabbau oder begleitenden Übungsmethoden (z. B. autogenes Training) signifikant gesteigert wird, wenn sogenannte ›übende Verfahren zu Hause‹ angeschlossen werden. Darunter verstehe ich Kassetten mit entspannender Musik oder mit geleiteten meditativen Übungen oder beides. Sie machen den therapeutischen Effekt anhaltender und geben Werkzeuge dauerhafter Selbsthilfe. Darauf können die Patienten auch in Krisenzeiten – bis zum Eintreffen medizinisch-kompetenter Hilfe – zurückgreifen.

Eine Schweizer Pilotstudie an 60 000 Patienten zeigte ein signifikantes Absinken von Erkrankungsneigung und -häufigkeit, weniger Arbeitsausfall, weniger Arztbesuche, weniger und kürzere Krankenhausaufenthalte; der Effekt war andauernd.

In einer 1992 mit Hilfe von Hausärzten durchgeführten Studie an 400 Gebrauchern von Entspannungskassetten berichteten 88 % der praktischen Ärzte über positive Erfahrungen, 56 % der Patienten gaben an, die Kassetten regelmäßig zu nutzen.

Selbst in Narkose reagiert das Unterbewußtsein noch positiv auf Botschaften besprochener Kassetten. So berichtete das britische

Ärzteblatt ›The Lancet‹ im August 1988 als Ergebnis einer Doppelblindstudie an Narkosepatienten über verringerte Narkosekomplikationen, Verkürzung der Aufwachphase, schnellere Genesung und um bis zu 1,5 Tage verkürzte Liegezeiten.«[3]

Der amerikanische Psychologe Robert Weisz aus Santa Fe, Direktor des Ericksson-Instituts und Leiter von Versuchen mit Musik in prä- und postoperativen Phasen am St.-Vincent-Krankenhaus, sagte uns zum selben Thema:
»Wissenschaftliche Forschungen haben den Nachweis erbracht, daß das menschliche Gehirn Informationen auf zweierlei, fundamental unterschiedliche Weisen verarbeitet: einerseits linear, analytisch und logisch, andererseits ganzheitlich, gefühlsmäßig und intuitiv. Diese Prozeßmodalitäten sind in der linken bzw. der rechten Hemisphäre angesiedelt und entsprechen deren Funktionsweisen.
Musik wird in der rechten Gehirnhälfte aufgenommen und verarbeitet.
Entspannungsmusik übt aufgrund ihrer melodischen und tonalen Charakteristika zwei Wirkungen aus:
Erstens entspannt sie das Gemüt, beruhigt das Gefühlsleben und unterstützt – als psychosomatische Folge davon – auch die Selbstregulierung organischer Körperfunktionen. Damit bewirkt Entspannungsmusik eine allgemeine Harmonisierung, fördert die unterbewußte Bereitschaft zur Anregung körpereigener Selbstheilungskräfte und intensiviert regenerative ganzheitliche Prozesse.
Zweitens induziert geeignete Entspannungsmusik einen offeneren Bewußtseinszustand, in welchem der Hörer aufnahmefähig und empfänglich ist für suggestive Einstimmungen auf gesunde Lebensführung, heilsame Lebensweisen und praktisch anwendbare neue Gewohnheiten und Verhaltensweisen.

Wenn Entspannungsmusik mit verbalen Anleitungen verbunden wird, kann der Hörer für ihn wesentliche Informationen besser aufnehmen, verständnisvoller akzeptieren, sinnvoller in seinen Lebensplan integrieren und entsprechend sein Leben bewußter und gesünder führen.«

Der Arzt Klaus Mohr schreibt über Harmonie als Heilungsprinzip in der »reform-rundschau« unter anderem:
»Wir alle träumen von dem Zauberwort, das uns hilft, unser Leben gesund und glücklich zu gestalten. In unserem Zeitalter wird dieser Zauber immer stärker, immer verzweifelter in der Materie gesucht ... Der Kern, die Substanz, der Sinn ist verlorengegangen für den Preis eines äußerlich komfortablen, materiell versicherten Lebens ... Ewig leben werden wir so ohnehin nicht, sondern lediglich vergeblicher, sinnloser – hektischer und kürzer. [Wir sind heute] weiter vom Zauberwort entfernt als je zuvor ... Die meisten von uns konnten zumindest in ihrer Kindheit das Zauberwort hören, wissen – und sprechen ... Wie gesund waren wir damals! Später ging diese Erfahrung, dieses intuitive Wissen verloren: die Erfahrung des Eins-Seins mit der Umgebung, die Harmonie ... Persönlich halte ich die innere Harmonie nicht nur für ein wichtiges, sondern für ein absolut notwendiges, unverzichtbares Heilungsprinzip.«[4]

Manners ist ein englischer Arzt und Osteopath*, der seit 1961 die Wirkungen von Klängen auf Struktur und Chemie des menschlichen Körpers untersucht. Seit mehr als zwanzig Jahren setzt er Musiktherapie bei der Behandlung verschiedenster Krankheiten ein. Er hat Entsprechungen bestimmter Klangfrequenzen zu natürlichen Schwingungen gesunder Organe ent-

* Osteopathie: griech. »Knochenleiden«; ein alternatives Heilverfahren

deckt. Er sagt zum Thema »Gesundheit hat eine eigene Schwingung«:
»In einem gesunden Organ arbeiten alle seine Moleküle in einer harmonischen Beziehung zueinander, und alle schwingen nach demselben Muster. Falls andersartige Klangmuster auf das Organ einwirken, könnte das harmonische Gleichgewicht gestört werden. Falls diese (Außen-)Frequenzen nur schwach schwingen, werden sie von den stärkeren Eigenschwingungen (des Organs) überspielt. Falls sich die Außenfrequenzen jedoch als stärker erweisen, können sie unter Umständen ein disharmonisches Muster im Organ, im Knochen, im Gewebe usf. etablieren.
Falls deshalb eine Behandlung ein harmonisches Frequenzmuster enthält, das die Organe (in ihrer natürlichen, gesunden Eigenschwingung) verstärken wird, werden die fremden Schwingungen neutralisiert und das korrekte Schwingungsmuster jenes Organs wieder neu etabliert. Das sollte zu einer heilenden Reaktion führen.«[5]

Don G. Campbell, Direktor des »Institute for Music, Health and Education« in Boulder, Colorado, Lehrer am »Naropa Institute« und der »Boulder Graduate School«, meint dazu:
»Das Ohr verleiht uns die Gabe, Räumlichkeit wahrzunehmen und unsere Beziehung zu Bewegung in jeder Richtung zu spüren. Die drei halbkreisförmigen Kanäle im Innenohr dienen als ›Kreiselkompaß‹ zur Orientierung im Raum ... Ohne die Komplexität des Innenohrs, das den aufrechten Gang erlaubt, würde sich die Entwicklung des jüngsten Gehirnbereichs, der präfrontalen Gehirnlappen, vermutlich nicht ereignet haben ... Die Töne, die wir heute hören, sind weitestgehend verschieden von jenen der vergangenen Jahrtausende. Die Klänge, welche Freude, Empfindungen von Schönheit und Befreiung im Körper hervorrufen,

sind anders als jene Klänge, die das gleiche für die Menschen vor hundert Jahren auslösten ...
Der Körper jedes Individuums ist auf einige Leittöne eingestimmt, die sich nach der Tageszeit, dem Gesundheitszustand und dem Alter verschieben. Keine einzelne Note wird den Organismus für immer harmonisch einstimmen können. Das ganzheitliche Feld von Gemüt und Körper muß jeden Tag aufs neue eingestimmt werden. Es kann auf die jeweiligen emotionalen und physischen Bedürfnisse eingestellt werden.«[6]

Der Mediziner Larry Dossey, in den USA als führender »Schulmediziner« bekannt, der den Nutzen »alternativer« Therapieformen erkannt und angewandt hat, bemüht sich um den Brückenschlag zwischen körperorientierter Medizinpraxis und philosophischer Lebenseinstellung.
»Im Menschen spiegelt der physische Körper die Töne, die wir wahrnehmen, bis hinunter auf die biochemische Ebene. Wir reagieren auf Lärm-Umweltverschmutzung so sensibel, daß diese Belastung zu einem der häufigsten modernen Gesundheitsrisiken geworden ist. Hohe Niveaus unangenehmer Geräusche verursachen Verengung von Blutgefäßen, erhöhten Blutdruck, erhöhte Pulsrate und Atemfrequenz; lassen Fette in den Blutkreislauf ausschütten und bewirken eine Absenkung des Magnesium-Gehalts im Blut. Belästigende Geräusche stellen eine besondere Gefährdung in modernen Krankenhäusern dar, wo oft eine ständige Lärmbelästigung existiert. Herzpatienten in der Rekonvaleszenz in modernen Herzabteilungen reagieren besonders empfindsam auf unangenehme Geräusche; Lärmbelästigungen in diesen Abteilungen können sich auf die Überlebensrate und den Gesundungsprozeß auswirken.
Menschen werden nicht nur durch laute Geräusche gestört, sondern auch durch jene, die dissonant oder unharmonisch sind.

Sie können sogar durch absolute Stille gestört werden. Wenn gesunde Menschen im Bett liegen und weiche, aber sich verändernde harmonische Klänge hören, nehmen sie diese Anregung als beruhigender an als Versuchspersonen, die sich in einer vollständig geräuschfreien Umgebung befinden.
Könnten bestimmte Klänge sich sowohl auf unser physisches als auch auf unser seelisches Wohlbefinden positiv auswirken? Für diese Möglichkeit gibt es konkrete Hinweise. Bestimmte Meditationsübungen ... zeitigen eine nachweisbare Förderung der Gesundheit.«[7]

In einer Studie für das US-Senatskomitee über das Altern berichtete der Psychotherapeut Oliver Sacks von Fällen, in denen Musik Patienten, die unter der Parkinson-Krankheit litten, ermöglichte zu singen, obwohl sie nicht mehr sprechen konnten. Er stellte ebenfalls fest, daß manche Patienten im mittleren und späten Stadium der Alzheimer-Krankheit durch Musik und Gesang wieder Verbindung zu bis dahin verlorenen Erinnerungen und Gefühlen gewannen.

Zum Nutzen von Entspannungsmusik kann ich selbst generell feststellen, daß durch spezielle Musik – wie ich sie in meinen Stücken einsetze – die Gehirnströme von 32 bis 64 Hertz bei den Gammawellen und 16 bis 32 Hertz bei den Betawellen entscheidend abgesenkt werden; zumindest während des Hörvorgangs werden Alphawellen von 8 bis 16 Hertz erreicht. In diesem Bereich werden psychovegetative Störungen positiv angesprochen:
Vor allem Schlafstörungen und Depressionen erfahren eine merkliche Veränderung zum Positiven. Es findet eine deutliche und umfassende Harmonisierung statt. Viele Patienten bemerken dies selbst und wenden die entsprechenden Musiken im

Rahmen einer begleitenden Selbstbehandlung in Abstimmung mit dem Behandler an.
Geeignete Entspannungsmusik kann die Gesundungsbereitschaft des Patienten und seine psychosomatischen Selbstheilungskräfte stärken. Sie kann als begleitende Maßnahme praktisch jede andere Therapie effektiv unterstützen. Eine spezifische Musiktherapie findet auch bei manchen organischen Befunden unter der Aufsicht eines Behandlers wirksame Anwendung.
Als ganzheitlich harmonisierende Maßnahme wirkt Entspannungsmusik auf jeden Fall immer fördernd und ist deshalb als Zusatztherapie zu begrüßen, die auch vom Patienten selbst und zu Hause angewandt werden kann.

Das Feld der Musik und ihrer Wirkungen wird uns noch viele Überraschungen liefern, wenn wir uns nur die Mühe machen, nach ihnen zu suchen, – wenn wir uns vom äußeren Hören zum inneren Mitschwingen einladen lassen.

»Es ist bekannt, daß Klangwellen eine große Kraft auf anorganische Materie ausüben. Durch Töne ist es möglich, geometrische Figuren im Sand zu erzeugen und Objekte zum Zerspringen zu bringen. Um wieviel machtvoller muß dann die Wirkung dieser Kraft auf die vibrierende, lebendige Substanz unserer empfindsamen Körper sein!«

Roberto Assagioli,
Psychologe und Arzt

»Musik ist wahre Lebenshilfe!«

Dorit Tenspolde

2

Schöpferische Ordnung und heilende Harmonie

Gesundsein, Heilsein, Einssein

Der Mensch als Geschöpf und Teilhaber der Schöpferkraft

Die Notwendigkeit von Heilung und die Wirkungsmöglichkeiten von Heilmethoden können wir meiner Ansicht nach nur verstehen, wenn wir uns zunächst selbst richtig verstehen lernen. Offensichtlich sind wir Menschen als geschaffene Wesen, als Geschöpfe, ein Teil der Schöpfung. Wir haben durch unser körperliches Leben Anteil an Luft, Wasser und Erde, an Pflanzen und Tieren, an Sonne und Licht, an Stimmen, Geräuschen und Klängen des Lebens. Durch unser Gefühls- und Gedankenleben haben wir Anteil an vielen nicht-materiellen Aspekten des Lebens.

Wir sind jedoch nicht nur Wesen der Schöpfung, sondern gleichzeitig ein Teil der schöpferischen Kraft selbst. Unser Ursprung liegt in der einen schöpferischen Kraft, die alles geschaffen hat, aus der alles hervorgeht und die alles erhält. Ein Menschenleben bedeutet, daß sich ein göttlicher Funke »absondert« und in einem irdischen Körper zeigt. Den »göttlichen Funken« können wir auch Seele oder Selbst nennen. Was der Vorgang der »Absonderung« für Gesundheit und Heilung mit sich bringt, behandle ich später.

Solange wir uns nun in der ursprünglichen Einheit des formlosen und zeitlosen, rein geistigen und ewigen Seins befanden, gab es für Heilung keine Notwendigkeit. Wir waren »heilig«, nämlich wahrhaft »heil«, also ganz und eins mit Gott. Dieser Ursprungszustand ist das, was wir auch als kosmisches Bewußtsein oder als göttliches Eins-Sein bezeichnen können.

Ursachen für unser Nicht-mehr-heil-Sein

Mit dem Heraustreten aus der Einheit ging ein »Vergessen« des ursprünglichen kosmischen Bewußtseins einher, in dem es nur »Heilsein« gab. (Ich kann an dieser Stelle nicht darauf eingehen, warum wir überhaupt aus der Einheit herausgetreten sind. Tatsache ist jedoch, daß wir uns fast immer als abgesondert von der Quelle der Schöpfung empfinden.) Dieses Vergessen führt bei uns allen zu unterschiedlichen Mängelerfahrungen. Diese Mängel treten auf, weil wir uns fast ausschließlich als körperliches Wesen erfahren, das zwar von vielerlei Gefühlen und Gedanken bewegt wird, die sich im Regelfall jedoch alle auf die irdisch-materielle Ebene beziehen.
Als wir die Einheit des Seins verließen, gelangten wir in Regionen, in denen sich die ursprüngliche Schöpferkraft nicht mehr rein und heil zeigen kann, sondern sich in einer »verdichteten« Form mit Materie umhüllt. Jede materielle Form ist jedoch – wie der Name es bereits sagt – begrenzt und ist deshalb nicht mehr integraler Bestandteil der formlosen geistigen Wirklichkeit und Ganzheit. Die materielle Form ist und bleibt zwar durch nichtmaterielle Energien und Prinzipien geschaffen und belebt, vermag aber die ihr innewohnende geistige Kraft nicht mehr vollkommen zu offenbaren.

Die Konsequenz unserer Absonderung und Identifizierung mit einer begrenzten irdischen Form erleben wir zeitweise und unter anderem als körperliche Krankheiten oder seelische Probleme, als Ängste und Streß, als Orientierungslosigkeit oder Sinnverlust.
Das Wesen jeder Krankheit – sei sie physisch oder psychisch – besteht in der Disharmonie zwischen Mensch und Schöpferkraft. Disharmonie bedeutet Uneinigkeit, Unausgeglichenheit, Unstimmigkeit und Mißklang. Harmonie bedeutet Ausgleich, Stimmigkeit, Einigkeit und Einklang. Harmonie bedeutet im therapeutischen Sinne »Heil-Sein«.

Unser Leben im irdischen Körper und in unserem Alltagsbewußtsein ist eben nicht »heil« oder ganz, sondern vereinzelt und abgespalten. Damit ist es zumindest teilweise vom Strom der ganzheitlichen Lebenskraft und des in sich immer »heiligen« = heilen Bewußtseins getrennt.

Unser Leben spielt sich überwiegend in den Grenzen der materiellen Formen ab. Daraus entstehen, wie gesagt, Mängel, die sich als körperliche Krankheiten und/oder als leidvolle Bewußtseinszustände bemerkbar machen. Deshalb suchen wir sowohl nach Gesundung wie nach Heilung. Mit Gesundheit und »Gesund-Sein« beschreibe ich ein Körperbefinden ohne Krankheitssymptome und Leiderfahrungen. Mit »Heil-Sein« bezeichne ich den Einklang des menschlichen Bewußtseins mit der Liebe und Allmacht des Schöpfers.

Ganzheitliche Heilung durch umfassende Harmonie

Harmonie in bezug auf Gesundung und Heilung heißt für mich, den notwendigen Ausgleich zwischen den geistigen und den irdischen Kräften, zwischen den spirituellen und den materiellen Bedürfnissen (wieder)herzustellen.
Heilung ist die Herstellung des ursprünglichen Einklangs; Heilung ist deshalb stets ein alles umfassender Vorgang, der sich in so vielen Vorgängen und Weisen, mit so vielen Methoden und Mitteln vollziehen kann, wie es Menschen und ihre persönlichen Wege zur Vervollkommnung gibt.
Heilung ist ein ausgleichender Vorgang, der mit seinen harmonisierenden Schwingungen nicht nur die »kranken« Körperteile und Organe erfaßt, sondern der auch den ganzen Menschen in seiner Geistigkeit anspricht.
Alle Gesundheitstherapien sind nur ein Teil des notwendigen umfassenden Heilungsziels. Heilung geschieht durch Bewußtwerden der Grenzenlosigkeit des eigenen Seins, durch Verwirklichung des eigenen Seins im ständigen Jetzt, durch Lösung aus einer rein materiellen Verhaftung oder dogmatisch-ideologischen Selbstbeschränkung.

Der Heilungsvorgang läuft parallel mit der Befreiung von Karma. Der »Heilige«, derjenige also, der Heilsein erfährt, ist leidfrei. Heilung ist identisch mit Heiligung; Heiligung heißt bewußte Identität mit dem höchsten Sein. Heilung impliziert die Gesundheit aus sich selbst heraus.
Heilung ist bewußtes Sein!

Gesundung und Heilung

Die Methoden, die zu einer Heilung in diesem Sinne führen, kann man als Stufen bezeichnen, die den Menschen letztendlich in die Höhen seines wirklichen Seins führen können. Die materielle Verdichtung und somit Schwerfälligkeit unserer Ebene zieht uns ständig hinab, so daß das hohe Ziel der Heilung oft verdeckt bleibt und für zahlreiche Menschen zum Ziel des bloßen beschwerdefreien Gesundwerdens verkümmert. Gesundung als erster Schritt zur Heilung ist etwas Wunderbares – wir sollten uns damit allein jedoch nicht begnügen.
Gesundung kann uns für die Heilung öffnen. Anwendungen der Gesundwerdungsmethoden sind potentiell durchaus im Sinne der Heilung wirksam. Jedoch können weder Therapiemethoden noch Arzneimittel allein wirklich »heilen«.
Die Brücke zwischen Gesundsein und Heilsein wird durch die Schwingung der bedingungslosen Liebe zu uns selbst geschlagen. Wenn wir diese Brücke beschreiten – und das stellt oft eine Herausforderung an uns dar, die nicht mit der linken Hand, sondern nur durch Sammlung und Beständigkeit gemeistert werden kann –, dann vermögen wir das Ziel der Heilung zu erreichen. Die Liebe zu uns selbst bedeutet natürlich nicht blanker Egoismus, sondern Selbstfindung und Selbsterkenntnis als Spiegelbild der göttlichen Ganzheit und natürlichen Heiligung. Meditative und kontemplative Übungen können zu diesem Heilsein und in die spirituelle Einheit führen.

Die ursprüngliche Einheit, in der es nur heiliges Sein gab und gibt, wird von einer schöpferischen Ordnung bestimmt. Für diese Ordnung ist das Prinzip der Harmonie maßgebend, der Übereinstimmung und des Einklangs zwischen allen befindlichen Energien.

Kosmisches Gesetz, genetischer Code und Oktavgesetz

Beziehungen zwischen Mensch und Kosmos

Wir stellen eine eigentümliche und verblüffende Übereinstimmung zwischen den kosmischen Gesetzen, die Universen und Galaxien auf ihren Bahnen halten, und Gesetzen, die für die DNS-Moleküle der menschlichen Gene gelten, fest. Die DNS schwingt in der 66. Oktave des »Tagestons« der Erde.

Es gibt einen sogenannten Grundton oder Tageston der Erde. Er bestimmt sich aus der Dauer eines mittleren Erdentags (die sich aus der Umlaufzeit der Erde bei ihrer Drehung um sich selbst ergibt). Wenn wir die rund 24 Stunden in Sekunden umrechnen, erhalten wir 86 400 Sekunden. Der reziproke Wert – also 1 : 86 400 – führt zu einer Tonfrequenzzahl, die man in Hertz angibt. Die Zahl ist in unserem Beispiel 0,00001157074 Hz. Die Hörfähigkeit des Menschen erstreckt sich über ungefähr 10 Oktaven, von etwa 16 Hz bis 20 000 Hz.

Unser Sehvermögen erstreckt sich übrigens nur über eine Oktave, zwischen Infrarot und Ultraviolett, dem sogenannten Nanometer-Bereich. Wir Menschen sind also vor allem hörende Wesen!

Frequenzen von weniger als 16 Hz sind für uns nicht über die Ohren hörbar; solche Schwingungen erfahren wir unmittelbar körperlich. Sie kennen das sicher: Wenn Sie sich vor einen Baßlautsprecher setzen und alle Höhen ausblenden, erleben Sie die Schallwellen körperlich, vor allem in der Bauchgegend.

Um unter der normalen Hörschwelle gelegene Frequenzen hörbar zu machen, bedienen wir uns der »Oktavierung«, also der Verdoppelungen der Grundfrequenz nach musikalisch-harmoni-

kalen Gesetzen. Die vielfache Verdoppelung führt in unserem Beispiel nach 24 Oktaven zu einer Frequenz von 194,18 Hz, die im mittleren Hörspektrum liegt und als angenehm empfunden wird. Das entspricht dem Ton G.
Führen wir die Oktavierungen immer weiter durch, gelangen wir zu Frequenzen, die nicht mehr hörbar sind; wir kommen in den Nanometer-Bereich, also zu Schwingungen, die als Licht bzw. Farbe sichtbar werden. Damit gelangen wir zu »Farbentsprechungen« der jeweiligen Töne. In unserem Beispiel des »Erdtons« ergibt sich die Farbschwingung Orangerot. (Hier in Santa Fe, wo wir gerade an diesem Buch arbeiten, schwingt eine deutlich spürbare Harmonie, die sich nicht nur aus der Höhe und dem besonderen Licht speist, sondern auch von den erdfarbenen Häuserwänden und ihrer natürlichen Harmonie herrührt.)

Die Oktave – eine Begriffserklärung

An dieser Stelle möchte ich eine Erklärung des Begriffs »Oktave« bringen. Der griechische Philosoph und Mathematiker Pythagoras entdeckte und beschrieb nach der Überlieferung als erster, daß eine gespannte Saite einen bestimmten »Grundton« erklingen läßt. Als er die Saite seines Instruments genau in ihrer Mitte fixierte und nur noch die halbe Länge erklingen ließ, ertönte derselbe Grundton, allerdings in der doppelten Frequenzhöhe. Pythagoras stellte fest, daß die Halbierung einer Saite immer mit der Verdoppelung der Frequenz des Tons bzw. Tonhöhe einhergeht.
Eine Frequenzverdoppelung gilt seither in der Musik als das reinste Intervall. Dazwischen liegen nun sechs weitere Töne, deren Abfolge ebenfalls als harmonische Tonschritte empfunden wird. Zusammen ergeben sich acht Töne, d. h. eine Oktave. Der

Begriff Oktave beschreibt also allgemein acht Töne bzw. Tonschritte, die ein harmonisches Ganzes bilden.
Das Wort vom Oktavgesetz hingegen beschreibt das Vorgehen einer Frequenzverdoppelung oder -halbierung und die daraus entstehende Erhöhung bzw. die Verminderung einer Schwingung um den Faktor 2.
Hans Cousto und Matthias Reuschel schreiben zum Oktavgesetz in ihrem Buch »Orpheus« u.a.: »Das Gesetz der Oktave ist jener Grundsatz, an welchem die Mathematik und die Musik gleichen Anteil haben. Es ist jene Formel, mit welcher es möglich ist, astronomische und musikalische Formeln zu verbinden, Astronomie, Mathematik und die Musik, ja auch die Farben, auf einen gemeinsamen Nenner zu bringen.«[8]

Der Tageston der Erde

Professor Popp von der Universität Kaiserslautern hat nachgewiesen, daß die DNS-Spiralen der menschlichen Gene in der 66. Oktave des Tagestons der Erde und damit nach einem der drei Grundtöne unseres Planeten schwingen.
Das Oktavgesetz liegt auch dem genetischen Code zugrunde. Die Doppelhelix – zwei ineinander verdrehte Spiralen der DNS-Molekülketten – weist pro Drehung genau acht Sprossen auf. Jede Sprosse entspricht einer genetischen Information.
Die Oktavstruktur ist also fundamental in uns Menschen eingewoben, und deshalb reagieren wir besonders stark auf all solche Klänge, Schwingungen, Methoden, Ideen und generell alle geistigen und irdischen Impulse und Vorgänge, die nach dem Gesetz der Oktave wirken.
Betrachten wir einige weitere verblüffende Tatsachen, die uns die Augen für die Wirksamkeit des Oktavgesetzes öffnen.

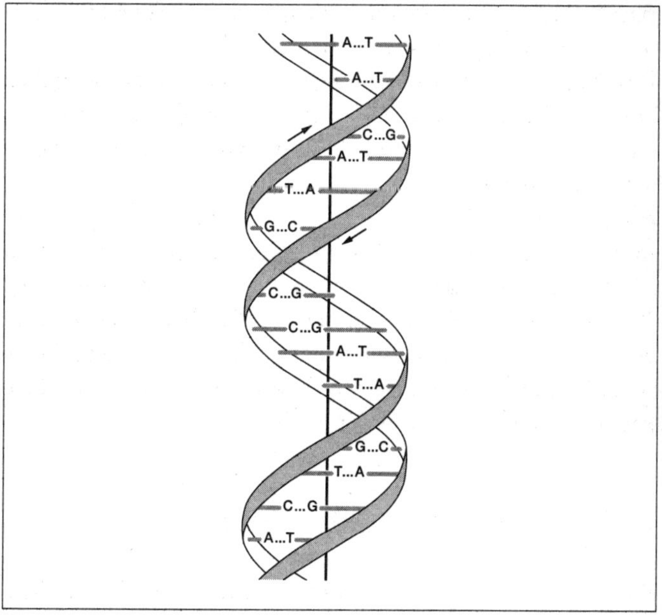

Abb. 1: DNS-Doppelhelix
In der DNS-Doppelhelix finden wir jeweils acht »Sprossen«, die eine genetische Information enthalten, analog dem Oktavgesetz.

Ist es nicht erstaunlich, daß die Distanz von der Fußsohle bis zum Schritt stets die Hälfte der Gesamtlänge des Menschen beträgt? Wenn wir also eine »Oktavierung« (= Verdoppelung) dieses Abstands vornehmen, gelangen wir zur Körpergröße. Umgekehrt kann man auch die Gesamtlänge als den »Grundton« beschreiben und findet die Oktave dazu im Abstand zwischen Fußsohle und Schritt.

Wenn wir die Gesamtlänge des Kopfes von Kinn bis Scheitel (im Profil) als unseren Grundton annehmen, so beträgt die Distanz

vom Kinn bis zum unteren Augenlid im Verhältnis dazu eine Oktave.
Der Tageston der Erde beeinflußt maßgeblich unsere körperliche Aktivität. Es gibt auch einen sogenannten Jahreston, der entscheidend auf unser Nervensystem wirkt.

Der Jahreston der Erde

Der Jahreston der Erde bestimmt sich durch den Umlauf der Erde um die Sonne innerhalb eines Jahres, von Frühlingspunkt zu Frühlingspunkt. Seine hörbar oktavierte Frequenz beträgt 136,10 Hz, was dem Ton Cis entspricht. Die »Tonfarbe« des Cis ist Türkis (Blaugrün).

Der Achsenton der Erde

Auch existiert ein dritter wichtiger Ton der Erde, der unser Gemüt stark beeinflußt. Dieser Ton ergibt sich aus einer kleinen Kreiselbewegung der Erdachse um sich selbst. Er beträgt nach seiner oktavierten Frequenz 172,06 Hz und entspricht dem Ton F. Dieser Ton wird oft auch der »platonische Ton« der Erde genannt. Seine Tonfarbe ist Violett.

Der Ton des Mondes

In unserem Zusammenhang spielt zwar der vielbesungene, silbrige Satellit unserer Nachthimmel und sein ganz eigener Ton eine untergeordnete Rolle, ich möchte aber wenigstens kurz auf ihn eingehen. Für viele ist der Mond von großem Interesse. Die

Beziehung des Mondes zu allem Wäßrigen (damit auch zum Menschen, dessen Körper bei der Geburt zu etwa 85 Prozent, im 50. Lebensjahr um 70 Prozent, im 70. Lebensjahr rund 60 Prozent aus Wasser besteht) ist stark und einseitig. Durch seine Gravitationskraft sorgt er bekanntlich für Ebbe und Flut; somit wirkt seine Anziehungskraft auch – wenn auch im mikroskopischen Bereich – auf den Wasserhaushalt des Menschen. Man sagt, daß seine Wirkungen die eigentliche Ursache für Schlafstörungen, Schwindelgefühle, Kreislaufstörungen und sogar für Epilepsie und Geisteskrankheiten seien. (Im Englischen gibt es einen Begriff für diese Zustände: »lunacy«; er beschreibt den Mondeinfluß.)
Um einem einseitigen »Zug« der Mondkräfte nicht allzusehr ausgesetzt zu sein, empfehle ich, bewußt vor jedem Voll- und Neumond besonders viel klares Wasser zu trinken, auch ausdrücklich über den reinen Durst hinaus.

Der Ton des Mondes ist Ais/Gis, seine Frequenz 210,42 Hz, sein Farbton ist Orange. Man nennt den Mondton auch den »Ton der Frau«. Das hängt sicher mit seinem Einfluß auf den Menstruationszyklus von 28 Tagen zusammen und auch mit der Tatsache, daß bei Flutgezeiten Geburten schneller vonstatten gehen.

Die Erde hat nur einen Mond. Damit ist sie im bekannten Sonnensystem der einzige Planet, der nur einen einzigen Mondsatelliten besitzt. Alle andere haben entweder keinen oder mehrere. Es ist anzunehmen, daß ein zweiter Mond die »Unwucht« oder die einseitige Schwerkraftwirkung, die der eine Mond für die Erde bewirkt, kompensieren würde.
Ich überlasse es dem Leser, sich auszumalen, um wieviel ausgeglichenere Lebensverhältnisse wir dann hätten. Da der Mond

keine harmonisierende und ausgleichende Wirkung besitzt, spielt er in meinen Therapieverbindungen keine wesentliche Rolle.

Kosmos, Mensch und Musik

Führende Physiker unserer Tage beschreiben die letzte Wirklichkeit unserer Welt als einen rhythmischen Tanz von Energien, die sich zu den Klängen einer unhörbaren Melodie im Inneren der kleinsten Materieteilchen und der größten Sterne hin und her wiegen. Das entspricht der Darstellung des Pythagoras, der von einer »Sphärenmusik« sprach, die die gesamte Schöpfung durchzieht und belebt. Mystiker berichten davon, daß die erste Verdichtung der göttlichen Schöpferkraft die »Gestalt« des »leuchtenden Tones« bzw. des »tönenden Lichts« angenommen hatte. Aus der Verdichtung von Licht und Ton entstünden demnach Ideengebilde und Gefühlsbewegungen, welche in wiederum stärkerer Verdichtung materielle Formen annehmen bzw. sich darin ausdrücken.

Wie im vorhergehenden Kapitel durch zahlreiche Beispiele gezeigt wurde, spielen Töne und Klänge, Musik und Geräusche nicht nur in unseren kosmologischen Vorstellungen, sondern auch in unserem Alltagsleben eine entscheidende Rolle – für Wohlbefinden und Gesundheit, für unser Gefühlsleben und unser Denken, für unser seelisches Gleichgewicht. Allzuoft unterschätzen wir ihre Rolle oder nehmen sie erst gar nicht wahr. »Dabei ist Musik jenes einzigartige Medium, welches in der Lage ist, unter Umgehung des Filters des rationalen Verstandes direkt auf die menschliche Psyche und Seele einzuwirken. Es gibt kein anderes Medium, weder Malerei noch Dichtkunst, das einen solchen Schlüssel zur Einheit des Wesens darstellt. Dieser in der entsprechenden Musik enthaltene Schlüssel kann uns einen unmittelbaren und übergangslosen Zugang zu den Bewußtseinsebenen des Menschen öffnen.«[9]

Musiktherapie bedient sich des Schlüssels der Musik, um dem Menschen zu helfen, die ursprüngliche Vollkommenheit seines Wesens in der bewußten Einheit mit dem göttlichen Sein wiederzuentdecken und sich damit selbst zu heilen.
Dabei müssen wir sorgfältig unterscheiden zwischen den Inspirationen und Möglichkeiten des Künstlers und den Heilbedürfnissen des Patienten. Im nächsten Kapitel gehe ich darauf näher ein.
Schon jetzt mache ich darauf aufmerksam, daß Gesundung und Heilung eines Menschen des Zusammenwirkens vieler Komponenten bedarf: der positive Wille des Patienten, die individuell richtigen Methoden und Mittel, der positive Wille des Therapeuten.
Wir arbeiten mit Schwingungen, sowohl den Frequenzen der Musik und der Heilmittel, als auch den Energien der beteiligten Menschen. Auch die Absichten und Motivationen von Patient und Therapeut sind Frequenzen, die in den Behandlungsprozeß mit eingehen und ihn wesentlich beeinflussen.
Man könnte folgende »Gleichung« aufstellen:
Heilende Schwingung und bewußte Heilabsicht = Heilung.

Was ist Musik?
Sie steht zwischen Gedanken und Erscheinung;
als dämmernde Vermittlerin steht sie zwischen Geist und Materie;
sie ist beiden verwandt und doch von beiden verschieden;
sie ist Geist, aber Geist, welcher eines Zeitmaßes bedarf;
sie ist Materie, aber Materie, die des Raumes entbehren kann.

Heinrich Heine

3

Umstimmung und Einstimmung

Musik in der Heilpraxis

Umstimmung vom außengesteuerten Alltag

Ich habe die Erfahrung gemacht, daß die meisten Patienten neben ihren »Hauptbeschwerden« an einem Streßsyndrom leiden. Deshalb empfehle ich, den Patienten (oder sich selbst, wenn man Selbstbehandler/in ist!) zu Beginn einer Behandlung mit einer angenehmen, ruhigen Musik umzustimmen. Wir müssen uns beruhigen und entspannen, uns aus dem Druck und dem Lärm unserer Alltagswelt lösen. Damit schaffen wir überhaupt erst die Voraussetzung, daß sich der Patient selbst auf Gesundung und Heilung einstellen kann. Bekanntlich reicht es ja nicht aus, wenn der Therapeut sich darum bemüht – er allein kann ohnehin nicht heilen, er wirkt nur als Katalysator.

Folgende Musik hat sich nach meiner Erfahrung zur Umstimmung vom Alltag auf einen ganzheitlicheren, innerlicheren und wesentlicheren Bewußtseinszustand bewährt:

- *Die vier Jahreszeiten* von Vivaldi
- *Eine kleine Nachtmusik* von Mozart
- *Relax* von Deuter
- *Angel's Love* von Aeoliah
- *Spiritual Journey* (1. Teil) und *Life and Lights* von Sandelan

Grundsätzlich sollte die »Empfangsmusik« konkrete Assoziationen auslösen, die über das kleine Ich hinausführen; also zum Beispiel Bilder der in sich ruhenden Natur entstehen lassen.
Selbst für die Einzelpraxis mit Vorbestellung rate ich dazu, den Patienten nicht sofort ins Sprechzimmer zu bitten. Statt dessen sollte er die Möglichkeit haben, sich einige Minuten lang in einem Vorraum, in dem eine ausgewählte Musik gespielt wird, zu sammeln und zu entspannen.
Sowohl im Vorraum wie im Sprechzimmer sollten gesunde und gepflegte Grünpflanzen stehen. Die Farbe Grün entspricht dem Sonnenton (mehr dazu in Kapitel 6).

Problematik des Rhythmus

Ein Wort zur Rhythmik in der Musiktherapie. Der Rhythmus ist die Ordnung einer Tonfolge nach Zeitdauer und Gewicht (Betonung, Akzent) im taktgebundenen Ablauf. In der Dichtung entspricht er dem Versmaß bzw. Versfuß. Nach meiner langjährigen Praxiserfahrung bewährt sich zur Umstimmung eine solche Musik, die einen nur sehr sanften Rhythmus erklingen läßt. Ein heftiger Rhythmus wühlt bekanntlich auf und erregt; er entspannt nicht.
Ein straff gegliederter Viervierteltakt, wie er zum Beispiel in der Marschmusik auftaucht, wirkt in der Therapie ungünstig – weil die Patienten ohnehin aus einem meist zeitlich sehr exakt geordneten Alltag in die Praxis kommen. Beat-, Rock-, Hard-Rock- und Heavy-Metal-Musik kommen natürlich zur Entspannung nicht in Frage. Sie strahlen übertriebene Dynamik und Aggressivität aus. In Pflanzenversuchen wurde nachgewiesen, daß Grüngewächse unter einer dauernden Beschallung mit solcher Musik eingehen!

Musik sollte den natürlichen Fluß der Säfte (also des Blutkreislaufs und des Lymphflusses) sowie den Energiekreislauf (über Nerven, Meridiane und Rückenmarksflüssigkeit) ausgleichend unterstützen und harmonisch aktivieren. Das vermag eine stark rhythmische, »harte« Musik nicht, jedoch eine leicht beschwingte.

Einstimmung auf Yang und Yin, auf Dur und Moll

Musiktherapie bedient sich der harmonisierenden Wirkung bestimmter Töne, Klänge, Akkorde und Melodien, um gesund zu machen und zu heilen. Harmonie ist gleichbedeutend mit (Rück-)Gewinnung einer ursprünglichen Einheit. Aus dem asiatischen Kulturraum kennen wir die Ganzheit des Taos, die im Ausgleich von Yang und Yin besteht.

Die Ganzheit ergibt sich aus der Gesamtheit von »Gegensätzen«, besser gesagt, aus der Ergänzung sich gegenseitig bedingender Kraftpaare oder »Polaritäten«. Auf der Erde sind Licht und Schatten zusammengehörige Pole, wie Liebe und Haß, Leben und Tod, oben und unten, Vergangenheit und Zukunft, hart und weich, und so fort.

Abb. 2: Yin-Yang-Zeichen
Zwei polare Kräfte ergänzen sich. Beide tragen in sich auch einen Keim der anderen Kraft.

Sind Yin und Yang im Gleichgewicht, in der Harmonie, so entspricht dies dem natürlichen Zustand menschlichen Wohlbefindens, der Gesundheit. Verschieben sich die Anteile des Yin oder Yang zu Lasten des Gegenpols, so entsteht eine Dissonanz. Der Mensch ist dann nicht mehr im Einklang mit dem Universum.

Dieses Modell spiegelt auch wider, daß es das reine Yang oder Yin nicht geben kann. In jedem männlichen Wesen ist etwas Weibliches und umgekehrt. Werden diese natürlichen Anteile des Gegenpols – in der Abbildung durch die kleinen Punkte in der jeweiligen »fremden« Hälfte dargestellt – zu schwergewichtig und groß, so wird die innere Harmonie ebenfalls gestört. Und jede Störung von Harmonie führt über kurz oder lang zwangsläufig zu Beschwerden und Leiden.

In der Musiktherapie entspricht das Yang der Bewegung, der gebenden Kraft, dem Lichten; Yin entspricht dem Stillhalten, der empfangenden Kraft, dem Dunklen. Meine Erfahrung zeigt, daß das Heilbedürfnis durch Musik in Molltonarten weiter verbreitet zu sein scheint. Das scheint mir daher zu kommen, daß die ständige Herausforderung unserer Zeit, mehr zu geben und zu leisten und ständig in Bewegung zu sein, eine Betonung der Yang-Anforderungen bedeutet und eine Vernachlässigung der Yin-Qualitäten. Der bewußte Ausgleich durch gleichgewichtige Dur- und Molltöne ist ein ganz praktischer und hochwirksamer Ansatz einer grundlegenden Musiktherapie.

Eine einfache Basistherapie, die auf dem Ausgleich von Dur und Moll beruht

Im Laufe meiner Forschungen und durch die tägliche Arbeit in zwei Heilpraxen bin ich darauf gekommen, daß die abwechselnde Folge von Dur- und Moll-Dreiklängen bzw. -Akkorden eine hochspezifisch harmonisierende Wirkung mit sich bringt und die Yin- und Yang-Energien auf natürliche Weise wieder ins Gleichgewicht bringt.

Ich arbeite vor allem mit C-E-G, also dem C-Dur-Dreiklang, und mit C-Es-G, dem c-Moll-Dreiklang. Dazu habe ich mir ein Endlosband angefertigt, von dem diese beiden Dreiklänge in stetem Wechsel erklingen. (Auf der Begleit-CD werden Sie eine solche Akkordfolge hören.)

In allen Arbeitsräumen, Krankenzimmern!, Büroetagen, Werkstätten und anderen Räumen, in denen zuviel einseitige Energie abgestrahlt wird, sind solche Bänder hilfreich. Ein Gewöhnungs- oder Abstumpfungseffekt tritt nicht auf.

Inzwischen gibt es spezielle Geräte, die bewußt gewählte Töne und Obertöne sowie Dreiklänge erzeugen, deren Wirkungen auf die Psyche und das vegetative Nervensystem des Menschen bekannt sind.

Chakraarbeit mit Musik

Chakren, die feinstofflichen Kraftzentren des Menschen, sind sowohl Energiespender für unser Leben als auch Tore in die geistigen Dimensionen. Wir hören nicht nur über unser Hörorgan, das Ohr, sondern mit unserem ganzen Körper.

Die Chakren sind jedoch bevorzugte »Empfänger« und Energie-

zentren für Schwingungen aller Art, damit auch für Tonfrequenzen und Musik.
Die Chakren stehen in Verbindung mit unserem endokrinen Drüsensystem (Keimdrüsen, Ovarien, Nebennieren, Bauchspeicheldrüse, Thymusdrüse, Schilddrüsen, Hirnanhangdrüse, Zirbeldrüse), somit auch mit unserem Immunsystem, und mit unserer physiologischen »Zentralsteuerung«.
Deshalb fängt Musiktherapie – nach der allgemeinen Umstimmung in Vorbereitung auf die Behandlung und unabhängig von der Anwendung der Dur-Moll-Dreiklangfolgen – mit der Harmonisierung der Chakren an. Dabei geht es um den natürlichen Energiefluß durch diese Zentren, und folglich muß man manchmal aktivieren, manchmal sedieren (beruhigen). Es kommen nicht nur Energiestaus vor, sondern auch ein extremer oder überhitzter Kräftestrom.
Ich meine übrigens, das wir sehr viel mehr Chakren besitzen, als gemeinhin bekannt ist. Zum Beispiel gibt es auch Chakren in den Hand- und Fußflächen. Darüber hinaus betrachte ich auch alle wirksamen Akupunkturpunkte als kleine Chakren.

In meiner Heilpraxis stellt die Chakraarbeit mit Musik den ersten wichtigen Schritt in der Behandlung dar. Sie wird meist zu einem Schlüssel für die Auswahl weiterer Therapieformen.

Aspekte der spezifischen psychosomatischen Musiktherapie

- *Organe:* Bei der Organbehandlung mit musiktherapeutischen Maßnahmen geht es stets um eine Systembehandlung. Es handelt sich dabei um jene Organe, die im Rahmen der Funktionsfähigkeit des Organismus und seines physiologi-

schen Ablaufs eine übergeordnete Rolle spielen. Das sind Leber-Galle, Herz-Dünndarm, Magen-Milz-Pankreas, Lungen-Dickdarm, Nieren-Blase.
Aufgrund der komplexen Struktur und Funktion dieser genannten Organsysteme ist es notwendig, daß die Musiktherapie möglichst umfassend und tiefgreifend viele Aspekte des jeweiligen Systems anspricht. Deshalb bedarf es hier einer in sich geschlossenen Musik (nicht etwa einzelner, unzusammenhängender Töne, mögen sie noch so »schön« sein), wie es zum Beispiel symphonische Werke sind.

- *Einzeltöne:* Einzelne Töne besitzen ganz charakteristische Wirkungen. Manche dieser Wirkungen sind heute noch nicht geklärt und werden laufend weiter erforscht. Zu einer vorzeitigen Euphorie ob einer wissenschaftlich begründeten Musiktherapie mit Einzeltönen ist deshalb leider noch kein Anlaß. Einige Wirkungen der Einzeltontherapie kennen wir jedoch. Hier drei Beispiele: Der Ton F wirkt heilsam auf den Atmungstrakt, der Ton G auf Magen, Milz und Leber, der Ton C auf das »Kreuz«, also den unteren Lendenwirbelbereich.
Einzeltöne werden in der Musiktherapie nicht kontinuierlich hintereinander gespielt, sondern in Intervallen, es gibt längere Pausen zwischen dem Erklingen der Töne. Damit wirkt die Wiederholung des speziellen Tons als wiederkehrender Impuls, der vom Patienten als harmonische Heilanregung aufgenommen werden kann. Ein konstanter Einzelton würde eine nervliche Belastung sein.

Musik in Verbindung mit anderen Naturheilverfahren

- *Bachblüten mit Musik:* Die Bachblüten-Therapie basiert bekanntlich auf feinstofflicher Grundlage – nicht-materiellen Teilen von Pflanzen (z.B. Essenzen); ihre energetischen Wirkungen, die auf Wasser übertragen werden, führen zum Heilerfolg.
  Damit ist die Bachblüten-Therapie der Musiktherapie verwandt, die ja auch keinen greifbaren, materiellen »Stoff« als Therapeutikum einsetzt.
  Edward Bach sagte 1934 schon: »Wie schöne Musik oder andere großartige Dinge, sind sie (die von ihm gefundenen Blüten) in der Lage, unsere ganze Persönlichkeit zu erheben und uns unserer Seele näherzubringen. Dadurch schenken sie uns Frieden und entbinden uns von unseren Leiden. Sie heilen nicht dadurch, daß sie die Krankheit direkt angreifen, sondern dadurch, daß sie unseren Körper mit den schönen Schwingungen unseres höheren Selbst durchfluten, in deren Gegenwart die Krankheit dahinschmilzt wie Schnee in der Sonne. Es gibt keine echte Heilung ohne eine Veränderung in der Lebenseinstellung, des Seelenfriedens und des inneren Glücksgefühls. Das menschliche Leben und der Mensch auf diesem Planeten ist ein Teil eines größeren Schöpfungsgedankens.«
  Patienten, die von ihrer Persönlichkeitsstruktur her erwarten, daß ein Therapeut auch eine sichtbare »Medizin« verabreicht, die man einnehmen kann, sollte man mit der Kombination von Bachblüten und Musik behandeln.
- *Reiki und Musik:* Die Verbindung von Reiki, Musiktherapie und Affirmationen hat sich in der täglichen Praxis als optimal erwiesen. Ich empfehle allen Heilpraktikern, wenigstens den I. und II. Reiki-Grad zu erwerben. Und ich empfehle allen

Reiki-Therapeuten, Musiktherapie bewußt mit in die Behandlung einzuschließen.
Durch die Vereinigung des universalen Lebensstroms, wie er im Reiki angewandt wird, mit heilender Musik (die über den Emotionalkörper wirkt) und mental projizierten Affirmationen lassen sich Energieblockaden besonders rasch lösen. Es findet eine allgemeine Harmonisierung statt. Der Strom heilender Kräfte wird verstärkt.*

- *Farbe und Musik:* Bei spezifischen Leiden, zum Beispiel Schmerzzuständen, Verbrennungen, Suchtsymptomen oder Depressionen, gebe ich der Farbtherapie in Kombination mit Musiktherapie den Vorzug. Wir haben schon kurz gestreift, daß Tonfrequenzen und Farbfrequenzen auf besondere Weise miteinander in Verbindung stehen: Sie ergeben sich durch Oktavieren der Grundfrequenzen.
- *Akupunktur und Musik:* Akupunktur und Musiktherapie ergänzen sich ebenfalls auf optimale Weise. Bei der Akupunktur geht es prinzipiell um Aktivierung oder Sedierung – die sie begleitende Musik kann jede Sitzung oder sogar ganz spezifisch jede einzelne Nadelung durch entsprechende aktivierende oder sedierende Klänge verstärken. Das ist übrigens bei Ohrakupunktur besonders einfach und gleichzeitig erfolgreich!
- *Meditation und Musik:* Meditation ist der krönende Abschluß der Musiktherapie. Meditation führt zum wahren innersten Wesen des Menschen und seiner natürlichen gottgewollten Vervollkommnung. Damit ist Meditation der Weg zur ganz-

* Möglicherweise wird in naher Zukunft die Tachionenenergie, die ich als eine fokussierte universale Strahlungskraft umschreiben möchte, den energetischen Konsum grundlegend verändern. Die Anwendungen befinden sich noch im Experimentierstadium.

heitlichen Gesundung an Körper, Geist und Seele und das auf subtile Weise wirksame Mittel zum echten Heilsein. In der Praxis haben sich spezifische Heilmeditationen sehr bewährt, die durch heilsame Musik, nach meinen Erkenntnissen komponiert und eingespielt, mit affirmativen Aussagen, also lebensbejahenden und verstärkenden Texten, sinnvoll ergänzt wird.

Beispiel für einen Heilmeditationstext (15 bis 20 Minuten):

- Visualisiere Licht auf eine Art, wie es dir angenehm ist. Wenn du willst, in unterschiedlichen Bildern: Lichtreflexionen auf dem Wasser, Licht, das durch die Wolken fällt, das Licht der aufgehenden Sonne, das Licht der Mittagssonne.
- Atme dieses Licht ein: ganz tief ... Atme es ein! Laß es einfach geschehen in einer dir angenehmen Weise.
- »I am the power of the light«: »Ich bin die Kraft des Lichts.« Atme es ein und strahle ganz behutsam aus: »Ich bin die Kraft des Lichts.«
- Gehe noch intensiver und tiefer hinein in den Strom des Lichts. Weil du die Mängel in dir verändern willst, brauchst du die Lichtkraft als eine eigene Erfahrung. Wisse, daß dein Licht Sein Licht ist, Sein Klangstrom deine Musik.
- Löse dich aus der materiellen Verhaftung und sei einfach. In dich strömt Energie und bedingungslose Liebe, strahlende Jugendkraft und göttliche Harmonie umhüllen dich.
- Du bist das Glück. Du bist das Gesundsein. Du bist das Heilsein. Du bist in Seinem Sein.
- Lenke das gleißende Licht und die Quellströme des göttlichen Klanges nun in die Regionen deines grobstofflichen Körpers, die der Gesundung und Heilung besonders bedürfen.
- Lausche der Musik in dir, schwinge in ihr mit und »Sei«.
- Wisse, daß du Licht bist!

Sie können sich diesen oder einen ähnlichen Text auch selbst auf Kassette mit Musikuntermalung sprechen. Bei solchen Übungen empfiehlt es sich, flach auf einer weichen Unterlage zu liegen, die Hände parallel zum Körper, eventuell unter einer wärmenden Decke; beengende Kleidungsstücke haben Sie geöffnet, Brille und Uhr abgelegt.
Als Therapeut würde man zum Abschluß einer Heilmeditation die Aura des Patienten vom Kopf abwärts bis zu den Füßen in zügigen Bewegungen »glätten«. Sowohl in der Praxis wie in der Selbstbehandlung zu Hause beendet man die Übung, indem man zunächst dreimal tief ein- und ausatmet, sein Bewußtsein wieder ganz auf die derzeitige Situation lenkt, sich wohlig räkelt und dann die Augen öffnet.

Sie finden eine solche Heilmeditation von einer Viertelstunde Dauer auf der Musikproduktion *Meditation – Wege zu Harmonie und Lebenskraft* in der Reihe *Einklang* sowie auf der Begleit-CD zu diesem Buch.

Das höchste Ziel ist, zu erreichen, daß der Mensch sich nicht mehr als Patient empfindet, sondern als geistiges Wesen erlebt, das von einer liebevollen Schöpferkraft angenommen und geführt wird. Führung und Heilung kann durch das innere Licht und die Musik der Seele geschehen, die durch uns fließen und pulsieren, die uns tragen und erhalten. Wenn wir erst einmal die Musik der Seele und das Licht der Liebe als Wirklichkeit erfahren haben, und sei es noch so vorübergehend, dann erwächst in uns auch die Kraft, Licht und Musik auszustrahlen, und damit jenen Menschen zu helfen, die diese möglicherweise noch mehr brauchen als wir, weil sie noch mehr leiden.

Komponist und Musiker – Therapeut und Patient

Nicht alle Absichten und Möglichkeiten von Komponisten und Musikern entsprechen den hohen Zielen der Gesundung und Heilwerdung. Oft bemühen sich Komponisten und Musiker um entspannende und heilende Musik, ohne mit den medizinischen und tiefer gelegenen seelischen Grundlagen von Gesundheit und Krankheit vertraut zu sein. Die Unterscheidung der Ziele: körperliche Gesundheit oder körperlich-seelisch-geistiges Heilsein stellt eine zusätzliche hohe Herausforderung dar. Meines Erachtens ist Musik, die in oder durch Meditation entsteht, am heilsamsten.
Erfahrungsgemäß kommen Patienten bislang noch recht selten mit dem ausgesprochenen Wunsch, eine Musiktherapie zu machen. Vielmehr erwarten sie meist und zunächst eine Symptomlinderung und öffnen sich dann allmählich für ganzheitliche weitere Schritte. Darauf sollte der Therapeut Rücksicht nehmen und Musiktherapie feindosiert und unaufdringlich anbieten und anwenden.
Im Warteraum empfehle ich, Musik über Lautsprecher abzuspielen, in der eigentlichen Therapie sind meist Kopfhörer angezeigt. Mit dem Kopfhörer steht der Patient selbst in der Mitte, er ist in direktem Kontakt mit der Musik, alles dreht sich nur um ihn.

Hirnwellenbereiche und ihre Bedeutung

Im Gehirn findet eine Informationssammlung und Verarbeitung all jener Impulse und Eindrücke statt, die uns über die Sinne vermittelt werden, sowie jener Gefühls- und Gedankenschwin-

gungen, die nicht-körperlicher Art sind und sich in unseren Bewußtseinsräumen einstellen.
Die Gehirntätigkeit vollzieht sich in Schwingungsmustern, unter denen fünf deutlich unterscheidbar sind; man spricht auch von Gehirnwellenmustern oder Frequenzbereichen. Im EEG (= Elektroenzephalogramm = Hirnstromkurvenbild) kann man diese Schwingungsmuster nachweisen, messen und aufzeichnen.

Die fünf Gehirnwellenbereiche heißen:
- Deltawellen mit 0,5–4 Hz (Hz = Schwingung pro Sekunde)
- Thetawellen mit 4–8 Hz
- Alphawellen mit 8–16 Hz (manche Autoren 8–13 Hz)
- Betawellen mit 16–32 Hz
- Gammawellen mit 32–64 Hz

- *Deltawellen:* Dieses Schwingungsmuster ergibt sich im Tiefschlaf. Dabei addiert sich die gesamte vorhandene Gehirnstromaktivität zu einem Wellenmuster von Deltawellen.
  Deltaschwingungen bewirken eine echte körperliche und damit meist auch geistige Regeneration; vermutlich, weil sie eine zunehmende Tiefenentspannung und ein ganzheitliches Funktionieren des gesamten Organismus (ohne unser Eingreifen) begünstigen.
  Musikentsprechungen zum Beispiel *Deep Sleep* von HemiSync, Reihe *Einklang* und *Silence* von Sandelan.
- *Thetawellen:* In Schlafphasen, in denen aktiv geträumt wird (den sogenannten REM-Phasen, in denen sich die Augen schnell hin und her bewegen), entstehen Thetawellenmuster.
  Im Thetabereich ist die Imagination aus dem Unterbewußtsein besonders angeregt. Thetawellen werden auch bei Tiefenentspannung und manchen Meditationen gemessen. Bei

Kindern können wir Thetawellen auch im Wachzustand nachweisen.

Thetaschwingungen bewirken eine ganzheitliche seelische Regeneration. Stichworte: mystisch, unbestimmt, schläfrig, arglos, unter Umständen auch zerfahren, schwankend, unsicher.

Musikentsprechungen zum Beispiel: siehe Deltawellen.

- *Alphawellen:* Wenn ein Mensch bei geschlossenen Augen wach ist, dominieren Alphawellen. Das kann zum Beispiel beim Nachdenken über eine Angelegenheit passieren. Es handelt sich um eine Art Vorstufe zur Meditation. Sie entstehen in einem entspannten und doch energetisch wachen Zustand.

  Alphawellen gehen einher mit gehobener Stimmung und allgemeinem Wohlbefinden. Als Stichworte gehören hierher: logisch, intellektuell, angeregt, gefühlsbetont, nostalgisch, träumerisch, tolerant, phantasievoll.

  Musikentsprechungen zum Beispiel: *Impromptus* von Schubert und *Divine Harmony* von Sandelan.
- *Betawellen:* Im Wachzustand mit geöffneten Augen produziert das Gehirn überwiegend Betawellen. Der obere Bereich der Betawellen signalisiert bereits leichten Streß.

  Betawellen bestimmen unseren durchschnittlichen Alltag. Folgende Attribute ordnet man zu: der Außenwelt aktiv zugewandt, aber auch abgelenkt und zerstreut.

  Musikentsprechungen zum Beispiel: *Violinkonzert g-Moll* von Max Bruch, *Clair de Lune* von Débussy und *To You* von Sandelan.
- *Gammawellen:* Bei höchster Anspannung und Konzentration produziert das Gehirn überwiegend schnellschwingende Gammawellen.

  Gammawellen sind eine wesentliche Folge und zugleich eine

Ursache von Streß! Stichworte dazu: Spannung, Angst, Erregung, Aggression.
Musikentsprechungen zum Beispiel: Rock- und Popmusik, Heavy Metal usw. (die oft auch bereits rein physiologisch aufgrund ihres extrem hohen Lärmpegels von über 100 Dezibel und mehr echt schädigend wirken: nicht nur gehörschädigend, sondern auch insgesamt für den Organismus und seine natürlich-gesunden Funktionsabläufe); aber auch klassische Musik kann kurzzeitig Gammawellen erzeugen, wenn sie zu laut wird.

Stromfrequenzen, wie sie in Europa und Amerika üblich sind, erzeugen eine Frequenz von 50 bis 60 Hz. Hier müssen wir wohl einen wesentlichen und praktisch bisher überhaupt nicht beachteten Grund dafür sehen, daß wir mit der Elektrifizierung unserer Welt nicht nur »moderner« und »effizienter«, sondern gleichzeitig auch hektischer und elektromagnetisch »aufgeladener« geworden sind.
Durch gezielte Stimulation mit geeigneten Frequenzen (Musik, Frequenzgeber, unter Umständen Licht und Farbe der Bachblüten, Meditation usw.) gelingt es, die Schwingungsmuster unserer Gehirnwellen zu beeinflussen.

Musik ist höhere Offenbarung
als alle Weisheit und Philosophie.

Ludwig van Beethoven

4

Chakraharmonisierung und endokrine Drüsen

Psychosomatische Wirkungsweisen und Heilvorschläge

Chakren und endokrine Drüsen stehen in direkter Beziehung zueinander. Die Chakraharmonisierung zielt darauf ab, daß alle Kraftzentren harmonisch schwingen, Energien aufnehmen und ausstrahlen und sich miteinander im Gleichklang befinden.

In meiner Praxis stelle ich zunächst einmal fest, ob überhaupt eine allgemeine Behandlungsbedürftigkeit der Chakren vorliegt. Dazu bediene ich mich bioelektronischer Funktionsmeßmethoden (zum Beispiel mit dem Wega-Testgerät). Das Gerät zeigt mir zunächst (durch Testung mit der Testampulle Chromium D 400) an, ob generell ein von der Funktion der Chakren abhängiges Energiedefizit oder ein Energieübermaß besteht. Ein zweiter Weg besteht darin, über die Symptome des Patienten auf eine etwaige Behandlungsbedürftigkeit einzelner (oder aller) Chakren zu schließen. Dann prüfe ich, ob einzelne oder alle Chakren Unter- oder Überfunktion aufzeigen (durch Testung mittels einzelner spezifischer Hochpotenzen, siehe Seite 98).

Sie erhalten jetzt im folgenden zunächst eine Kurzbeschreibung der Chakren und ihrer Funktionen usw. und dann Therapievorschläge bei Unter- und Überfunktion derselben. (Ich weiß, daß es unter Fachleuten abweichende Meinungen über die Funktion und Zuordnung der Chakren gibt. Hier nun meine persönliche Auffassung.)

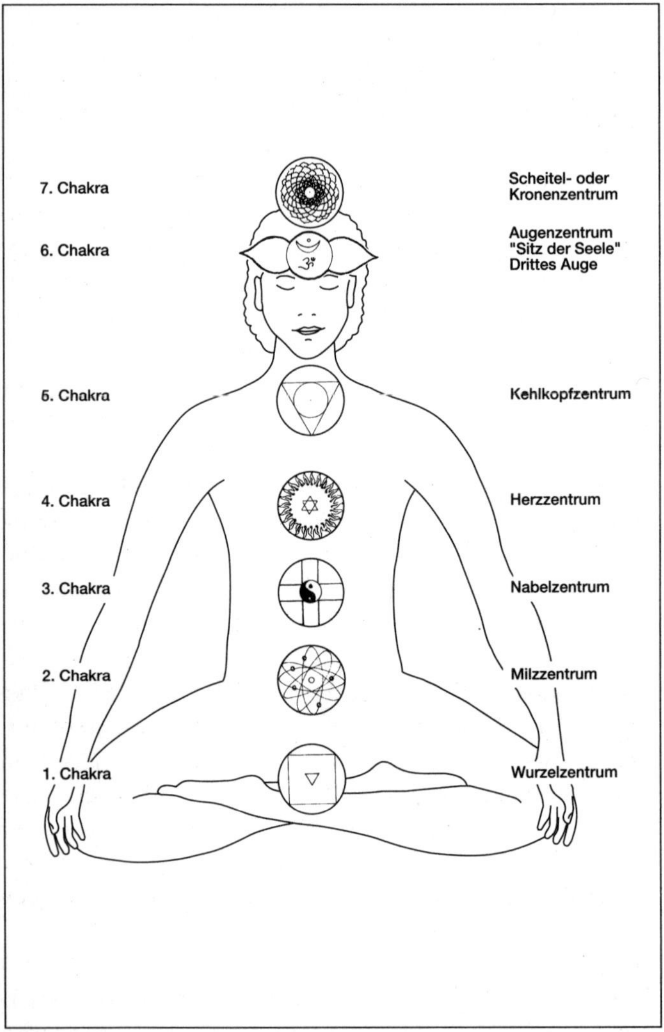

Abb. 3: Die sieben Chakren oder Energiezentren

1. Chakra

Name: Das 1. Chakra ist das sogenannte Wurzelchakra.
Lage: Es wird dem Bereich des Beckenbodens zwischen Damm und Anus zugeordnet.
Funktion: Erbenergie, Regenerationskraft, Regelung der Wasser- und Erdenergien; dieses Chakra regelt die persönliche Ich-Bezogenheit und den (Über-)Lebenswillen; es ist außerdem der Sitz der Kundalinikraft. Als Vitalzentrum ist seine natürliche und harmonische Funktion maßgebend für die richtige Durchblutung.
Organbeziehung: Auswirkung auf Muskeln des Lendenbereichs, Ischiasnerv, Ausscheidung, Enddarm, Geschlechtstrieb, Prostata.
Heilwirkung: Das 1. Chakra wird man aktivieren bei Blutmangel und Anämien, bei schlechter Durchblutung mit Symptomen wie kalten Füßen, bei Verstopfung, bei prostatabedingten Beschwerden (wie Problemen beim Wasserlassen). Auch bei Melancholie bzw. Depressionen wird man dieses Zentrum besonders aktivieren.
Eine Fernwirkung besteht auf den absteigenden Dickdarm, zum Hals und zur Nase. Eine allgemeine Praxiserfahrung besagt, daß das 1. Chakra bei der Mehrzahl der Menschen ausgeglichen ist. Eine Überfunktion könnte sich zum Beispiel durch eine rücksichtslose Durchsetzung im Leben und/oder einen extremen und ungezügelten Geschlechtstrieb zeigen. Eine Unterfunktion kann sich in allgemeiner Antriebsschwäche und extrem mangelhafter Libido äußern.
Element: Erde.
Tonbeziehung: Das 1. Chakra steht in seiner natürlichen Energiefunktion in Resonanz mit dem Sonnenton C und G, dem Tageston der Erde.

Musiktherapie bei Unterfunktion: Als erstes wird sowohl bei Unterfunktion wie bei Überfunktion der »Grundton« des jeweiligen Chakras, hier also der Ton C und G, etwa 8 bis 10 Minuten lang gespielt, und zwar instrumental und hörbar, gleich, von welchem Instrument (bzw. auf Kassette aufgenommen; siehe Begleit-CD). Der jeweilige Grundton eines Chakras ist unter dem Stichwort »Tonbeziehung« zu finden.

Eine Unterfunktion erfordert nun eine spezielle Anregung; dazu eignet sich der Tageston der Erde besonders gut. Bei der Unterfunktion des Vitalzentrums wird über einen »Frequenzgeber« die Schwingung von 194,18 Hz (analog zum Tageston der Erde) direkt als Frequenz mittels eines Adapters über beide Ohrläppchen an den Organismus übertragen, ungefähr 8 bis 10 Minuten lang. Die Ohrläppchen enthalten bekanntlich sämtliche Akupunkturpunktentsprechungen zum Gehirn.

Der erwähnte Frequenzgeber ist ein »Cranialer Elektro-Stimulator«, der auch als »Brainman« bekannt ist. Diesen Frequenzgeber kann man auf mehrere Wellenbereiche einstellen. Ich schlage vor, ihn in der Chakra-Musik-Therapie bei allen Chakren auf Alphawellen einzuschalten; ausgenommen beim 5. Chakra, siehe dort.

(Zum Thema Hirnwellen, Bereiche und Merkmale siehe S. 58ff.)

Sie können auch spezielle Stimmgabeln verwenden, welche exakt auf die relevanten Töne abgestimmt sind (dabei muß die Gabel während der 8 bis 10 Minuten natürlich immer wieder neu angeschlagen werden).

Als heilende Hintergrundmusik setzt man am besten eine sanfte Musik ein; zum Beispiel *Divine Harmony*, Seite 2.

Als willkommene Ergänzung kann man über die Anregung der Reflexzonen im Fersenbereich die Behandlung abrunden.

Die Farbtherapie bietet sich ebenfalls zur Ergänzung an, und zwar

bestrahlt man das Vitalzentrum mit rosarotem bzw. kurzzeitig mit rotem Licht.
Während der Behandlung des 1. Chakras erwartet der Patient meist besonders viel Zuwendung und persönliche Einfühlungsbereitschaft.

Musiktherapie bei Überfunktion: Als erstes wird wiederum der »Grundton« des 1. Chakras, der Ton C, 8 bis 10 Minuten lang gespielt, und zwar instrumental und hörbar.
Zum Ausgleich der Überfunktion wenden wir die gleiche Therapietechnik an wie oben, benutzen aber eine andere Frequenz, die nicht anregt, sondern beruhigt. Diese Frequenz beträgt 136,10 Hz und entspricht damit dem Jahreston der Erde.
Auch bei einer Überfunktion wirkt am besten eine sanfte Musik ein; also zum Beispiel *Divine Harmony*, Seite 2.
Wie bei der Unterfunktion kann man mit einer leichten Reflexzonenmassage im Fersenbereich die Behandlung abrunden.
Die Farbtherapie bietet sich erneut zur Ergänzung an, und zwar bestrahlt man das Vitalzentrum mit Türkis.

Abb. 4: 1. Chakra

Fallbeispiel

Patient Bernhard F., 54, kam in die Praxis und klagte über *akute Blasenbeschwerden*. Der Harndrang war erhöht. Der Patient berichtete über Schmerzen und Brennen beim Wasserlassen. Wir strahlten täglich blaues Licht auf das 1. Chakra, um Entzündungen zu beeinflussen (die Farbe Blau wirkt antipyretisch und antiphlogistisch). Über den Frequenzgeber applizierten wir an den Blasenpunkten des Ohrs den *Ton Cis*, 136,10 Hz, mit der Absicht, gleichzeitig beruhigend auf das Gebiet des 1. Chakras zu wirken. Schon nach drei Behandlungen klangen die Beschwerden ab; nach weiteren drei Sitzungen war der Patient beschwerdefrei. Oftmals sind Blasenbeschwerden stark rezidiv. Bei diesem Patienten traten Wiederholungen bislang nicht auf.

Fallbeispiel

Helga S., 42, klagte über *Beschwerden im Unterleib* mit Neigung zur Obstipation, als sie in unsere Praxis kam. Wir bestrahlten fünf Minuten lang das 1. und 2. Chakra mit der Farbe Rot. Danach gingen wir zur Farbe Orange über. Um die typischen Spasmen zu lösen, spielten wir die *Planetenmeditation*. Über den Frequenzgeber applizierten wir den *Tageston*, der stimuliert, und wählten als spezifische Punkte im Ohr dafür die Leber-Galle-Punkte. Die Stauungen lösten sich rasch, die Patientin konnte umgehend und ohne Drücken beschwerdefrei entleeren.

2. Chakra

Name: Als 2. Chakra sehe ich jenes Zentrum an, das mancherorts Milzchakra genannt wird.
Lage: Es ist im Bereich des Unterbauchs angesiedelt.
Funktion: Die Hauptbedeutung des 2. Chakras besteht in der ausgleichenden Energieversorgung.
Das 2. Chakra sorgt – wenn es voll funktionsfähig ist – für den richtigen Umlauf der Körperflüssigkeiten und ist das Bindeglied zwischen körperlicher und geistiger Energie.
Organbeziehung: Es besteht eine Beziehung zur Milz (die unter anderem der Blutbildung und dem Abbau alter Zellen dient), zum lymphatischen System, zur Haut, zu den Nieren und der Blase und teilweise zu den Fortpflanzungsorganen. Das 2. Chakra hält das Blut in diesen Gefäßen.
Heilwirkung: Über das Milzchakra lassen sich Heilwirkungen erzielen bei Asthma, Bronchitis und der Notwendigkeit, die Ausscheidung von Giften über die Körperflüssigkeiten zu intensivieren (z. B. über Harn und Haut). Es existiert eine Fernwirkung auf die Füße, die Brüste, das Becken und die Geschlechtsorgane.
Element: Wasser.
Tonbeziehung: Zum 2. Chakra gehört der Ton D.

Musiktherapie bei Unterfunktion: Als erstes wird der »Grundton« des Chakras, hier also der Ton D, etwa 8 bis 10 Minuten lang gespielt, und zwar instrumental und hörbar, gleich, von welchem Instrument (bzw. auf Kassette aufgenommen; siehe Begleit-CD). Der jeweilige Grundton eines Chakras ist unter dem Stichwort »Tonbeziehung« zu finden.
Die Anregung erfolgt über den Tageston der Erde, genauso, wie es beim 1. Chakra beschrieben wird.

Als heilende Hintergrundmusik setzt man auch hier am besten eine sanfte Musik ein; zum Beispiel *Divine Harmony*, Seite 2.
Die Anregung der Reflexzonen im Fußsohlenbereich vor der Ferse, dort, wo der Fußbogen ansetzt, eignet sich als zusätzliche Behandlung.
Farbtherapie bietet sich ebenfalls zur Ergänzung an, und zwar bestrahlt man das 2. Chakra mit rosarotem Licht.

Musiktherapie bei Überfunktion: Als erstes wird wie immer bei der Musiktherapie über das 2. Chakra der »Grundton« D 8 bis 10 Minuten lang gespielt, instrumental und hörbar.
Zum Ausgleich der Überfunktion wenden wir die gleiche Therapietechnik an wie oben, benutzen aber eine andere Frequenz, die nicht anregt, sondern beruhigt. Diese Frequenz beträgt 136,10 Hz und entspricht damit dem Jahreston der Erde.
Auch bei einer Überfunktion wirkt am besten eine sanfte Musik; also zum Beispiel *Divine Harmony*, Seite 2.
Die Unterstützung durch Reflexzonenmassage bleibt gleich, wie oben.
In der Farbtherapie bietet sich zur Ergänzung die Bestrahlung des 2. Chakras mit Türkis an.

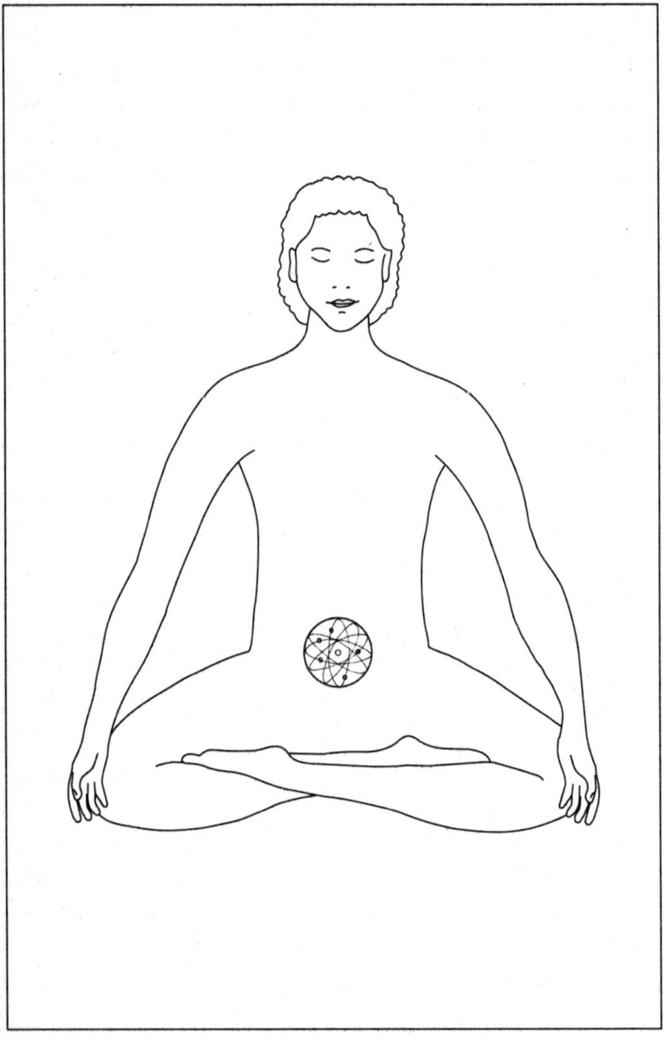

Abb. 5: 2. Chakra

Fallbeispiel
Frau A. W., 33, litt seit einigen Jahren an *linksseitigen Kopfschmerzen* mit Übelkeit und Erbrechen, Lichtempfindlichkeit und Augenflimmern. Die Diagnose ergab eine Milzbelastung. Neben einer spezifischen Akupunktur spielten wir zunächst den *Einzelton D* ein, etwa zehn Minuten. Da es sich um einen Milzstau handelte, hörte die Patientin die *Planetenmeditation*. Es folgte eine Farbbehandlung mit beruhigenden Frequenzen. Die Patientin erfuhr starke Schweißausbrüche, die sie als befreiend empfand. Für die weitere Behandlung hörte sie zu Hause die Musik *Divine Harmony*. Bis heute besteht Schmerzfreiheit.

Fallbeispiel
Herr L. K., 26, wurde auf *Asthma* behandelt, als er zu uns in die Praxis kam. Unsere Diagnose lautete: gestautes Milz-Chi. Wir behandelten mit dem *Ton* des 2. Chakras, *D*, etwa 10 Minuten lang. Zusätzlich wurde das Chakra mit der aktivierenden Farbe Rosarot bestrahlt. Erst danach wurde der Patient nach den Regeln der klassisch-chinesischen Akupunktur behandelt. Schon nach der ersten Sitzung stellte sich eine signifikante Besserung ein; der Druck im Thorax ließ deutlich nach. Nach der sechsten Behandlung erhielt der Patient als homöopathisches Mittel Mercurius metall. D 60 als Ausgleichsmittel für das 2. Chakra. Er wurde abschließend mit den Farben Türkis und Lemon (Gelbgrün) bestrahlt. Seither ist der Patient beschwerdefrei.

3. Chakra

Name: Das 3. Chakra ist das Nabelzentrum.
Lage: Es liegt im Bereich des Solarplexus, etwa zwei bis drei Fingerbreit über dem Bauchnabel (Akupunkturpunkt KG12).
Funktion: Das 3. Chakra ist für den Ausgleich der Yin- und Yang-Energien zuständig, außerdem für die Energiesammlung und -verwandlung. Das Nabelzentrum ist die oft am deutlichsten empfundene »Empfangs- und Sendestation« des Menschen. Hier erleben wir Streß und persönliche Gefühle wie Angst und Ungewißheit als »Schmetterling im Bauch« oder Bauchweh (vor allem Kinder!). Über dieses Zentrum nehmen wir »stressende Energien« auf (zum Beispiel in Kaufhäusern oder bei Massenveranstaltungen) und erlangen auch die Verbindung zu den astralen Dimensionen (wie zum Beispiel in Traum oder Magie). Wir können über dieses Chakra auch Persönlichkeitskräfte ausstrahlen. Manche sprechen deshalb von diesem Kraftzentrum als dem Sitz des Emotionalkörpers oder des kleinen Ichs.
Organbeziehung: Es gibt Beziehungen zu Leber und Galle, zum aufsteigenden und querliegenden Dickdarm, zur Bauchspeicheldrüse, zum vegetativen Nervensystem, auch teilweise zur Milz und zu den Nieren.
Heilwirkung: Das Nabelzentrum reguliert die Verdauungsvorgänge. Ein harmonisch funktionierendes 3. Chakra bietet eine gute Grundlage für die problemlose Aufnahme, Verwertung und Ausscheidung unserer Nahrung.
Zu den Fernwirkungen gehört der Einfluß auf Kopfschmerzen und auf Migräne (besonders rechtsseitige Migräne hat oft mit einer Leberstörung zu tun) sowie auf die Haut und ihre Elastizität.
Über die Milz gewinnt dieses Chakra Einfluß auf die Funktion der Nebennieren und somit auf unser Immunsystem.

Element: Feuer.
Tonbeziehung: Zu diesem Chakra gehört der Ton E.

Musiktherapie bei Unterfunktion: Wieder wird zunächst der »Grundton« des Chakras gespielt, hier also der Ton E, etwa 8 bis 10 Minuten lang, instrumental und hörbar.
Eine Unterfunktion erfordert, wie wir inzwischen wissen, eine spezielle Anregung; dazu nehmen wir den Tageston der Erde. Über einen »Frequenzgeber« geben wir die Schwingung von 194,18 Hz direkt als Frequenz mittels eines Adapters über beide Ohrläppchen an den Organismus, ebenfalls ungefähr 8 bis 10 Minuten lang, in der Alphawellen-Einstellung.
Als heilende Hintergrundmusik setzen wir eine noch zartere und einfühlsamere Musik ein, zum Beispiel *Divine Love*, Seite 2.
Die Mitbehandlung der entsprechenden Reflexzonen am Fuß (Solarplexus-Zone, Magen-Darm usw.; also die Sohle des Mittelfußes) ergänzt die Chakra-Musik-Therapie sinnvoll.
Aus der Farbtherapie bietet sich Blau an, wenn stark schmerzhafte Zustände, unter Umständen auch Verkrampfungen, vorhanden sind; Gelbrosa bei Unterfunktion ohne Schmerzen.

Musiktherapie bei Überfunktion: Auch in diesem Fall beginnen wir rund 8 bis 10 Minuten mit dem Grundton E.
Zum Ausgleich der Überfunktion wenden wir in der gleichen Therapietechnik der direkten Übertragung von Schwingungen eine andere Frequenz an, die nicht anregt, sondern beruhigt: 136,10 Hz, was dem Jahreston der Erde entspricht.
Als heilende Hintergrundmusik setzen wir wie beim Ausgleich der Unterfunktion eine noch zartere und einfühlsamere Musik ein, zum Beispiel *Divine Love*, Seite 2.
Die zusätzliche Reflexzonenarbeit am Fuß entspricht der Ergänzungsbehandlung bei Unterfunktion.

Aus der Farbtherapie wählen wir Grüntürkis, das wir auf das 3. Chakra strahlen.
Wegen der überragenden Bedeutung dieses 3. Chakras für die meisten Patienten wende ich auf jeden Fall auch Reiki an.
Der Schlüsselpunkt für die Akupunktur ist Magen 36.

Abb. 6: 3. Chakra

Fallbeispiel

Patient M. B., 42, ist Computerfachmann, ein sehr gefragter Spezialist, und befindet sich oft auf Reisen zu Auslandskunden. Er klagte über starke *Oberbauchbeschwerden*, die sich reflektorisch als *Stirnkopfschmerzen* auswirkten. Das 3. Chakra wirkt über den Solarplexus bekanntlich wie eine »Sende- und Empfangsanlage«. Wir behandelten zunächst mit dem *Ton* dieses Chakras, mit *E*, etwa zehn Minuten lang. Danach spielten wir ihm die sehr einfühlsame zweite Seite der *Divine Love* über Kopfhörer ein. Da die Erkrankung schon sehr lange bestand, wurde auch der Frequenzgeber mit der beruhigenden Frequenz 136,10 Hz, dem sogenannten *Jahreston* der Erde, über die Akupunkturpunkte am Ohr eingesetzt. Als Farbtherapie wählten wir Blau und Weiß. Schon nach vier Sitzungen ließ sich eine erhebliche Besserung registrieren. Die Behandlung läuft noch, während ich diese Zeilen schreibe.

Fallbeispiel

Frau P. L., 45, klagte über *Stirn-* und *rechtsseitige Kopfschmerzen*, die zuweilen mit den typischen Begleiterscheinungen einer Migräne auftraten. Wieder wurde zunächst der *Ton E* eingespielt. Dann behandelten wir das 3. Chakra zwanzig Minuten lang mit Weiß, danach Türkis. Über den Frequenzgeber wandten wir den *Jahreston* an; über Kopfhörer wurde die zweite Seite von *Divine Love* eingespielt. Die Patientin reagierte sehr positiv auf diese Behandlung. Inzwischen kommt sie – sie steht repräsentativ im öffentlichen Leben – wegen Diätfehlern im Zusammenhang mit ihrem Beruf in unsere Praxis.

4. Chakra

Name: Das 4. Kraftzentrum wird allgemein als Herzchakra bezeichnet.
Lage: Es liegt in der Mitte des Brustkorbs, hinter der Mitte des Brustbeins (also nicht dort, wo das physische Herz schlägt).
Funktion: Das Herzchakra regulierte den Rhythmus, in dem die Energien pulsieren. Es steht in Beziehung zur überpersönlichen, ideellen und religiösen Liebe.
Organbeziehung: Natürlich besteht eine Beziehung zum Herzen, aber auch zur Thymusdrüse (die in der Kindheit für das Wachstum zuständig ist, später nach ihrer Rückbildung für unser Abwehrsystem), dann zum Kreislaufsystem und zu den Oxidationsvorgängen im Atemsystem.
Heilwirkung: Bei allen Schockzuständen, Traumata, Erregungs- und Erschöpfungszuständen, Koliken und bei zu trockener Haut kann man über das 4. Kraftzentrum harmonisierend, regulierend und therapierend tätig werden. Eine Fernwirkung gibt es auf die Nieren und Nebennieren, Unterschenkel und Schulterbereich.
Element: Luft.
Tonbeziehung: Der Ton F entspricht dem 4. Chakra.

Musiktherapie bei Unterfunktion: Wir beginnen mit dem »Grundton« des 4. Chakras, dem F, etwa 8 bis 10 Minuten lang, instrumental und hörbar.
Die Unterfunktion erfordert eine Stimulierung und Aktivierung; dazu bedienen wir uns, wie gehabt, des Tagestons der Erde über unseren »Frequenzgeber« in der Schaltung auf den Alphawellenbereich, der die Schwingung von 194,18 Hz direkt auf den Organismus überträgt, ebenfalls ungefähr 8 bis 10 Minuten lang.
Als heilende Hintergrundmusik setzen wir eine Musik ein, die

höhere geistige Bereiche im Menschen anspricht, zum Beispiel *Spiritual Healing*, Seite 1 und 2.
Reflexpunkte am Fuß, deren Behandlung diese Therapie wirkungsvoll unterstützt, liegen in der Herzzone der Fußsohle zwischen Mittelfuß und dem Ballen des großen und des zweiten Zehs.
Als ergänzende Farbtherapie wenden wir Grün und Weiß an, die auf die Mitte des Brustbeins gestrahlt werden.
Auch bei diesem Kraftzentrum empfehle ich eine Anwendung von Reiki, die sich sowohl auf das 4. als auch auf das 3. Chakra erstreckt.

Musiktherapie bei Überfunktion: Wir fangen die Behandlung rund 8 bis 10 Minuten lang mit dem Grundton F an.
Zum Ausgleich der Überfunktion wenden wir in der weiter oben beschriebenen Therapietechnik eine andere Frequenz an, die beruhigt, nämlich 136,10 Hz, was dem Jahreston der Erde entspricht.
Als heilende Hintergrundmusik setzen wir die gleiche Musik ein wie bei der Behandlung einer Unterfunktion, die höhere geistige Bereiche im Menschen anspricht.
Die Reflexzonenarbeit am Fuß entspricht ebenfalls der oben angeführten Ergänzungsbehandlung bei Unterfunktion.
Als Farbtherapie wählen wir Grüntürkis, das wir auf das 4. Chakra in der Mitte des Brustraums strahlen.
Gerade die Behandlung dieses Chakras erfordert ein hohes Maß an Einfühlungsvermögen und Mitgefühl seitens des Therapeuten, weil es oft um subjektiv als schmerzhaft empfundene Belastungen aus dem zwischenmenschlichen Bereich geht (zum Beispiel Liebeskummer, Verlust lieber Menschen und Einsamkeit).

Abb. 7: 4. Chakra

Fallbeispiel
Herr N. L., 63, kam in die Praxis und klagte über *Herzbeklemmungen*, *Atemnot* und *Müdigkeit*. Die Lippen waren zyanotisch wie das übrige Hautkolorit auch. Die Diagnose deutete auf eine *Herzinsuffizienz* mittleren Grades hin, ein glycosidbedürftiger Fall. Wir spielten zunächst den Einzelton F ein, weil er eine befreiende, lichte und etwas heitere Qualität besitzt. Als Behandlungsfarbe wendeten wir zunächst Magenta an, danach Grünweiß. *Spiritual Healing* erwies sich als geeignete Heilmusik. Über die Herzpunkte am Ohr applizierten wir den *Jahreston* 136,10 Hz. Als homöopathisches Begleitmittel verordneten wir u.a. Aurum metall. D 60, ein spezifisches Mittel für das 4. Chakra. Danach war und ist der Patient seit nunmehr etlichen Jahren beschwerdefrei. Auch das EKG blieb ohne pathologische Anzeichen.

Fallbeispiel
Frau M. R., 43, litt unter starken *Angstgefühlen*, die sich zusammen mit einem *Herzdruck* mit leichter Ausstrahlung in den linken Arm zeigten. Die Diagnose ergab einen akuten Elektrolytmangel und eine noch bestehende Schockwirkung (die Mutter der Patientin war kürzlich plötzlich verstorben). Neben spezifischen Medikamenten gaben wir zunächst den *Ton F*, dann die Farben Magenta und Grünweiß. Als Heilmusik spielten wir *Spiritual Healing*. Die Patientin hörte diese Musik fast täglich. Um die Schockwirkung zu kompensieren, gaben wir noch die Bachblüten-Notfalltropfen. Die Patientin fühlt sich seither wohl und ist beschwerdefrei.

5. Chakra

Name: Das 5. Kraftzentrum heißt Kehlkopfchakra.
Lage: Es liegt in der Mitte des Halses, etwa auf Kehlkopfmitte.
Funktion: Der Funktionskreis umfaßt Energieverteilung, -speicherung und -verteilung. Auch Prozesse des Austauschs und der Kommunikation werden über dieses Chakra gesteuert; unter Umständen auch mentales Wissen. Ein gut funktionierendes und in sich harmonisch ausgeglichenes Kehlkopfchakra sorgt für ein waches und teilnehmendes Bewußtsein, sammelt die Aufmerksamkeit und stärkt die mentale und kommunikative Fähigkeit.
Organbeziehung: Das Kehlkopfzentrum steht in Beziehung zur Schilddrüse und Nebenschilddrüse, zur Speiseröhre, zur Stimme, zu Lungen und Bronchien, zur Halswirbelsäule, zu den Ohren und zum spinalen Nervensystem.
Heilwirkung: Über dieses Zentrum kann man günstig einwirken auf Kopfschmerzen, Hals- und Rachenbeschwerden, Augenprobleme, Heiserkeit, Schluckbeschwerden, Speicheldrüsenerkrankungen sowie Über- und Unterfunktion der Schilddrüse. Dieses Chakra beeinflußt als »zweite Station« nach der Hypophyse (siehe 6. Chakra) auch die Hormonsteuerung und somit das vegetative Nervensystem. Es besteht auch eine Beziehung zum Herzrhythmus! Das trifft vor allem bei der Überfunktion des 5. Zentrums zu. Bei einer Unterfunktion gibt es eine Rückwirkung auf das gesamte Drüsensystem, die in der Regel zu Fettleibigkeit führt.
Element: Äther.
Tonbeziehung: Der Ton G entspricht dem 5. Chakra.

Wichtig: Die Dauer der Behandlung sollte »kurmäßig« sein, sich also über etliche Wochen erstrecken, bei zwei Anwendungen pro Woche.

Ich behandle alle Beschwerden, die direkt oder indirekt mit der Schilddrüse zu tun haben, nur in enger Abstimmung und Zusammenarbeit mit einem Internisten!

Musiktherapie bei Unterfunktion: Wir beginnen wieder mit dem »Grundton«, jetzt also mit dem G, etwa 8 bis 10 Minuten lang, instrumental und hörbar.
Die Unterfunktion erfordert eine Anregung; dazu bedienen wir uns wie immer in der Chakra-Musik-Therapie des Tagestons der Erde über unseren »Frequenzgeber« mit der Schwingung von 194,18 Hz.
Als heilende Hintergrundmusik setzen wir eine Musik ein, die gleichförmige Schwingungen und Musiksequenzen wiedergibt, zum Beispiel *To You* (beide Seiten eignen sich).
Auf eine Reflexzonenbehandlung am Fuß verzichte ich wegen der oft sehr empfindlichen Reaktionen der Patienten.
Aus der Farbtherapie kommen Grün und Violett in Frage, als jeweils getrennte Bestrahlung oder zusammen (wenn man über eine Farbhandlampe verfügt, die eine Kombination erlaubt; zum Beispiel die Multi Color Combi). Man bestrahlt den Kehlkopfbereich.
Liegt eine Verhärtung der Schilddrüse oder eine extreme Unterfunktion vor, so behandle ich mit den Farben Grün und Orange.
Bei Vergrößerung der Schilddrüse (»Struma«) wende ich zusätzlich Reiki an.

Musiktherapie bei Überfunktion: Wir fangen die Behandlung rund 8 bis 10 Minuten lang mit dem Grundton G an.
Zum Ausgleich der Überfunktion wenden wir in der weiter oben beschriebenen Therapietechnik eine andere Frequenz an, die beruhigt, nämlich 136,10 Hz, was dem Jahreston der Erde entspricht.

Achten Sie bitte bei der Behandlung des 5. Chakras auf folgende Besonderheit: Beim automatischen Frequenzgeber kann man einstellen, ob man Frequenzen aus dem Alpha-, Beta- oder Thetawellenbereich anwendet. In diesem Fall wählen Sie bitte den Betabereich – weil die ausgesendete Frequenz dann noch tiefgreifender und beruhigender wirkt.
Als heilende Hintergrundmusik setzen wir die gleiche Musik ein wie bei der Behandlung der Unterfunktion.
Von einer Reflexzonenstimulierung rate ich ausdrücklich ab, weil man sonst zu sehr Gefahr läuft, ungewollt noch anzuregen.
Als Farbtherapie wählen wir Türkis, das wir auf das 5. Zentrum strahlen.

Abb. 8: 5. Chakra

Fallbeispiel
Elisabeth Sch., 64, kam wegen einer *Struma* (=Vergrößerung der Schilddrüse) in die Praxis. Die Ärzte sprachen von einer alsbald anstehenden Operation. Wir gaben zunächst den *Ton* des 5. Chakras, G, etwa zehn Minuten lang. Dann kombinierten wir in der Farbbehandlung Rosarot und Lemon und gaben Reiki auf das Chakra. Dazu hörte die Patientin eine gleichmäßig fließende Musik, hier die *Moldau* von Smetana und die *To You.* Über spezifische Akupunkturpunkte am Ohr applizierten wir den *Tageston* G mit 194,18 Hz. Nach drei Sitzungen berichtete die Patientin, daß »sich etwas bewegt«. Schon nach der fünften Sitzung stellten wir einen signifikanten Rückgang der Struma fest.

Fallbeispiel
Patient T. F., 72, klagt über *Stimmlosigkeit,* die besonders morgens auftritt. Zunächst brachten die spezifischen Mittel keine Besserung. Dann bestrahlten wir abwechselnd mit Rosarot und Lemon. Über Akupunkturpunkte im Ohr applizierten wir den *Tageston* G (194,18 Hz) und baten Herrn F., täglich *David* und *To You* zu hören. Die Beschwerden klangen nach einigen Tagen ab.

6. *Chakra*

Name: Das 6. Chakra ist das Stirnzentrum; es wird auch das »Dritte Auge« genannt.
Lage: Es liegt zwischen und hinter den Augenbrauen.
Funktion: Dieses Kraftzentrum koordiniert sämtliche Energien. Es ist gleichzeitig der »Sitz der Seele« und damit das Zentrum, von dem aus wir mit unserer individuellen Bewußtheit in die transzendenten Dimensionen blicken können. Hier findet der Übergang von der Körperlichkeit zur Geistigkeit statt.
Organbeziehung: Es steht in Beziehung zur Hypophyse (= Hirnanhangdrüse), zum Hypothalamus (= Teil des Zwischenhirns, Schaltzentrale für das vegetative Nervensystem) und zum sympathischen Nervensystem (dem willkürlichen).
Heilwirkung: Ein ausgeglichen und aktiv arbeitendes 6. Chakra vermag nervöse Beschwerden, Stirn- und Nebenhöhlenprobleme, Gleichgewichtsstörungen sowie Atmungsbeschwerden zu lindern und heilen.
Element: Schattenloses kosmisches Licht, ewiger göttlicher Ton.
Tonbeziehung: Der Ton A gehört zum 6. Chakra.

Akupunktur: Das 6. Chakra steht in Beziehung zum Akupunkturpunkt Yin-Tang.

Meiner Auffassung nach ist dieses 6. Chakra nicht mit den üblichen Methoden und Mitteln medizinisch zu behandeln. Vielmehr hat sich in der Praxis die Meditation auf dieses Chakra als erfolgreich erwiesen. Man kann die Meditationsform dem Patienten anpassen. Es empfiehlt sich eine Musikbegleitung (Beispiele siehe weiter unten), wenn möglich nicht über Kopfhörer (um den Patienten nicht durch den leichten Druck auf die Ohren von der Sammlung auf das 6. Chakra abzulenken).

Meditationsvorschlag: Die folgende Meditationsanleitung für eine Meditation von 15 bis 20 Minuten ist eine Möglichkeit, das Stirnzentrum bewußt zu erleben.

- Setzen Sie sich bequem hin. Die Hände liegen auf den Knien, die Handflächen sind nach oben geöffnet. Es sollte ein freies Ein- und Ausatmen möglich sein, zu enge Gürtel werden also gelockert usw.
- Schließen Sie die Augen.
- Stellen Sie sich Licht vor der Stirn vor, visualisieren Sie Licht vor dem Kraftzentrum.
- Lassen Sie dieses Licht intensiv auf sich wirken und sammeln Sie Ihre Aufmerksamkeit in liebevoller Erwartung auf diese Energie.
- Gedanken, die langsam auf Sie einströmen, nehmen Sie nicht an.
- Lassen Sie sich von der Musik tragen und zu diesem Licht führen (siehe Begleit-CD: Schlußteil).

Am Ende der Meditation wird die Musik langsam ausgeblendet. In einer therapeutischen Situation führt der Behandler den Patienten mit sanfter Stimme behutsam wieder in die Situation in der Praxis zurück.

Musiktherapie: Ich empfehle sehr gern

- *Amazing Grace*, möglichst gesungen von Paul Robeson, weil hier das erste Erstaunen über die Geistigkeit unseres wahren Seins wunderhübsch zum Ausdruck kommt.
- *Violinkonzert g-Moll* von Max Bruch, *Adagio*, weil die ganze Fülle harmonischer Schönheit erstrahlt.
- *Flötenkonzert in G-Dur* von Wolfgang Amadeus Mozart (KV

313), weil die Flöte das suchende Instrument dieser Ebene ist und hier besonders prägnant und anrührend gespielt wird.

- *Meditation – Wege zu Harmonie und Lebenskraft*, das 4. Musikstück *Light – Meditation zum Licht*, Reihe *Einklang*.
- *Dimensionen*, weil in dieser Musik die fließende und wiegende himmlische Musik der Geisteswelt einfühlsam erklingt und weil durch das Wasser als allesverbindendes Element, eingebettet in die warmen Klänge der Gongs, das Wissen um unsere ewige Geborgenheit empfunden werden kann.
- *Spiritual Healing*, weil sich diese Musik um den Weg der Erfahrung der göttlichen Kraft bemüht und den Sucher ermuntert, weiterzugehen.
- *David*, weil diese Musik ein Loblied an das Ideal der bedingungslosen Liebe ist (alle drei Titel: Sandelan).

Fallbeispiele müssen entfallen, weil es keinen direkten Körperbezug gibt.

Abb. 9: 6. Chakra

7. Chakra

Name: Das 7. Zentrum heißt Scheitelchakra oder Kronenchakra; manchmal auch der »tausendblättrige Lotos«.
Lage: In der Kopfmitte, ungefähr beim Zusammenschluß der mittleren Kopffontanelle, unter dem Schädeldach.
Funktion: Über dieses Zentrum nehmen wir die ersten unteren kosmischen Ebenen und ihr Licht wahr; es spiegelt das Licht der sogenannten Astralebene wider. Über dieses Chakra erfassen wir den Menschen in seiner Ganzheit, sowohl körperlich wie feinstofflich.
Organbeziehung: Es besteht eine Beziehung zur Epiphyse (= Zirbeldrüse) und eine Verbindung zu allen emotionalen und mentalen Zentren und Drüsen. Die Epiphyse ist die höchste (und bislang noch am wenigsten erforschte) Schaltstelle für alle endokrinen Drüsenihegt.
Heilwirkung: Eine heilende Wirkung erstreckt sich auf alle krampfartigen Zustände, Neuralgien und nervösen Störungen, auf Immunschwäche und Stoffwechselstörungen. Es ist wichtig für das Selbstbewußtsein und die Selbstachtung.
Tonbeziehung: Zum 7. Chakra gehört der Ton H.

Meiner Auffassung nach ist eine medizinisch-therapeutische Behandlung des 7. Chakras nicht sinnvoll. Man kann sich jedoch auf dem Wege der Meditation (siehe Vorschlag zum 6. Chakra) für die heilsamen kosmischen Energien öffnen. Sie werden feststellen, daß sich in der Meditation die Atembewegungen und der Herzrhythmus ausgleichen und Sie freier und leichter atmen können.

Nun möchte ich Ihnen wieder einige Musikempfehlungen geben:

- *Meditation – Wege zu Harmonie und Lebenskraft*, das 2. Musikstück *Healing – Meditation zur Heilung*; dies ist eine geführte Meditation.
- *Spiritual Journey*, Seite 2, und *David*, Seite 1, zweiter Teil; in beiden Fällen nur Musik, ohne Stimmführung.

Auf der Begleit-CD finden Sie den H-Dur- und den h-Moll-Dreiklang. Diese beiden im Wechsel gespielten Dreiklänge eignen sich zur Harmonisierung und Aktivierung des gesamten Organismus über das 7. Chakra.

Abb. 10: 7. Chakra

Sonstige Chakren

Es gibt eine Vielzahl sogenannter Nebenchakren; wir wollen uns an dieser Stelle nur zweien widmen, nämlich dem Mundchakra und den beiden Handchakren.

Mundchakra (Bija-Chakra): Das Mundchakra liegt in der Mitte des oberen Gaumenbogens. Während die Musiktherapie bislang immer passiv-empfangend war, kommen wir nun zu einer eigenen stimmlichen Aktivierung.
Wenn Sie den Om-Ton summen (den man sowohl als Om wie als A-u-m schwingen lassen kann), wird dieses Mundchakra aktiviert. Es besitzt eine direkte Verbindung zum sogenannten Dritten Auge.
Sie können diesen Summklang 10 bis 20 Minuten lang anstimmen. Dies stellt eine Variante zur Meditation dar.

Handchakren: Die Handchakren liegen in der Mitte der Handinnenflächen. Sie bilden ein Ausgangstor der universalen Lebensströme im Sinne von Reiki.
Zur Selbstbehandlung legt man die Innenfläche einer Hand auf schmerzende Stellen, um so heilende Kräfte zu empfangen.
In verschiedenen therapeutischen Wegen spielt die Kraftübertragung über die Hände eine wichtige Rolle, zum Beispiel im Reiki, in der Reflexzonentherapie, der Alta-Major-Therapie, bei Touch-for-Health und so fort. Ich möchte daran erinnern, daß ich es für sinnvoll halte, daß Therapeuten den I. und II. Reikigrad erlangen.

Abschließende Betrachtung zur Musik-Chakra-Therapie

Nach der Behandlung bedürfen die Patienten der weiteren therapeutischen Aufmerksamkeit. Ich verordne entsprechend der Behandlungsnotwendigkeit der Chakren folgende Naturheilmittel (immer in Tropfenform).

1. Chakra	– Ferrum metallicum D 60
2. Chakra	– Mercurius solubilis D 60
3. Chakra	– Cuprum metallicum D 60
4. Chakra	– Aurum metallicum D 60
5. Chakra	– Plumbum metallicum D 60
6. Chakra	– Argentum metallicum D 60
7. Chakra	– Platinum metallicum D 60

Es ist empfehlenswert, diese Therapie ähnlich wie bei der Anwendung von Nosoden mit den bekannten Drainage-Mitteln für Galle, Darm und Niere zu kombinieren.

Da es sich um Hochpotenzen handelt, ist eine sparsame Dosierung angezeigt, nämlich 1 x wöchentlich 10 Tropfen.

Solange Yang und Yin im Einklang stehen,
ist alles gut.
Solange Yang und Yin im Menschen im Einklang stehen,
ist er gesund.

Grundlage der Akupunkturlehre

5

Musik und Akupunktur

Akupunktur und Musiktherapie

Ich darf mit großer Dankbarkeit und auch ein bißchen Stolz feststellen, daß ich an dieser Stelle Forschungsergebnisse und Praxiserfahrungen vorlege, die – soweit mir bekannt – erstmals die Beziehung zwischen Akupunktur und einer besonderen Form der Musiktherapie systematisch aufbereiten.

Bekanntlich geht die altchinesische Akupunkturlehre davon aus, daß Gesundheit auf dem Gleichgewicht zwischen Yin und Yang, zwischen Leere und Fülle, beruht.
Von der Musiktherapie wissen wir, daß die Grundlage für Gesundung und Heilung in der rechten inneren und äußeren Harmonie besteht.

Ich habe lange daran gearbeitet, die Beziehung zwischen diesen beiden Therapieformen zu ergründen, praktische Schlußfolgerungen daraus abzuleiten und therapeutische Schritte in der Praxis zu überprüfen. Die zentrale Entdeckung besteht in der Tatsache, daß es eine sehr enge Übereinstimmung zwischen den fünf Elementen der Akupunkturlehre und den fünf Tönen der sogenannten pentatonischen Musik gibt. Die bereits aus der Frühgeschichte und der Antike bekannte pentatonische Musik verfügt über fünf Töne, die eine Oktave ausmachen, und sie kommt ohne Halbtöne aus.
Ich werde zunächst wichtige Grundlagen der Akupunktur und der Pentatonik erläutern und Ihnen dann praktische Vorschläge

zur therapeutischen Verbindung beider Heilsysteme unterbreiten.

Fünf-Elemente-Lehre

In Europa kennen wir vier Elemente: Erde, Wasser, Feuer und Luft. Die Alchimisten des Mittelalters kannten Äther als fünftes Element. In China waren seit alters her fünf Elemente, die auch die fünf Wandlungsphasen genannt werden, bekannt, allerdings teilweise andere: Holz, Feuer, Erde, Metall und Wasser. Nach alter chinesischer Auffassung stehen die fünf Elemente in enger Beziehung in Form eines Energiekreises, dem sogenannten Sheng-Kreis. In ihm läuft die Energie im Uhrzeigersinn. In unserem Kontext geht es mir nur um eine sehr kurzgefaßte

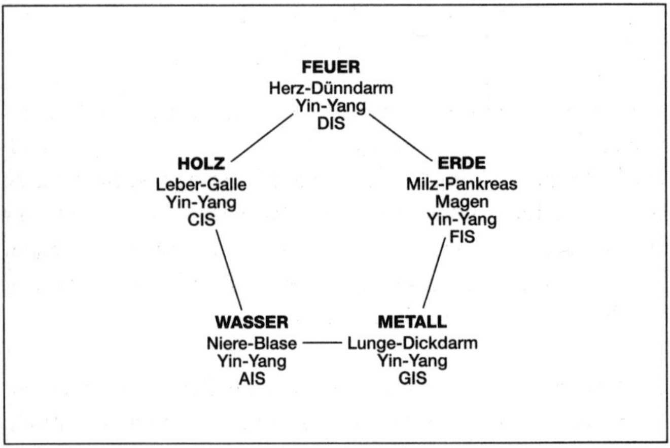

Abb. 11: Energiekreislauf der fünf Elemente
Die fünf Elemente Holz, Feuer, Erde, Metall und Wasser stehen sowohl in einem Energiekreislauf in Verbindung, der vom Holz ausgeht, wie in jeweiligen Polaritäten zueinander.

Darstellung der Prinzipien der Fünf-Elemente-Lehre, nicht um eine umfassende und detaillierte Erklärung.
Holz nährt das Feuer, Feuer wird zu Erde (Asche), Erde wird zu Metall (das unserem Element Luft entspricht), und Metall schließlich wandelt sich zu Wasser.
Das Ausgangselement repräsentiert die »Mutter«, die überschüssige Energie an ihr »Kind«, nämlich das nächste, weitergibt.

Diesen fünf Elementen werden die menschlichen Organe wie folgt zugeordnet:

Holz	–	Leber-Galle
Feuer	–	Herz-Dünndarm
Erde	–	Magen-Milz-Pankreas
Metall	–	Lunge-Dickdarm
Wasser	–	Niere-Blase

Organische Beschwerden werden nun nicht einzeln und isoliert behandelt, sondern ganzheitlich. Das heißt, der Therapeut muß bei der Diagnose darauf achten, ob zum Beispiel Beschwerden bei Nieren und Blase mit einer mangelhaften Aktivität des Elements Metall zu tun haben können. Schwäche oder Stau eines Organs kann von einem Funktionsmangel an anderer Stelle im Energiekreislauf abhängig oder sogar verursacht sein.

Den Energiekreislauf nennt man auch den Kreislauf der Wandlungsphasen. Nichts im Menschen und in der Welt ist statisch, alles bewegt sich, alles hängt miteinander zusammen. Daher wirken sich Veränderungen an einer Stelle auch auf die nächstliegenden Bereiche und letztlich auf alle Zustände und Beziehungen aus.

Zuordnung verschiedener Bereiche zu den fünf Elementen:

	Holz	*Feuer*	*Erde*	*Metall*	*Wasser*
Zeiten	Frühling	Sommer	Spät-sommer	Herbst	Winter
Zustände	Anfang	An-wachsen	Höhe-punkt	Rück-bildung	Tod
Klima	Wind	Hitze	Feuchtig-keit	Trocken-heit	Kälte
Farben	Grün	Rot	Gelb	Weiß/Blau	Schwarz
Ge-schmack	Sauer	Bitter	Süß	Scharf	Salzig
Organe	Leber	Herz	Milz	Lunge	Niere
Gewebe	Muskel	Blutgefäße	Unterhaut	Haut	Knochen
Sinne	Augen	Zunge	Mund	Nase	Ohren
Gemüt	Zorn	Freude	Sorge	Traurig-keit	Angst/ Zittern
Tugend	Güte	Ethik	Vertrauen	Redlich-keit	Weisheit
Benehmen	Umarmen	Bewegen	Aufstoßen	Husten	Zittern
Stimme	Rufen	Lachen	Singen	Klagen	Seufzen
Richtung	Osten	Süden	Mitte	Westen	Norden
Planeten	Jupiter	Mars	Saturn	Venus	Merkur
Töne	Cis	Dis	Fis	Gis	Ais

Pentatonik und Therapie

Grundzüge der pentatonischen Musik

Die Fünftonmusik bzw. pentatonische Musik (griech. pente = fünf) läßt sich bis ins Bronzezeitalter zurückverfolgen. Sie ist die Tonreihung der Musik alter Kulturen in aller Welt und Grundlage für orientalische und exotische Tonsysteme. Bei uns ist sie heute noch in der Volksmusik lebendig, zum Beispiel in Wales, Schottland, Irland, der Bretagne und dem Baskenland, sowie in alten Kinderliedern, zum Beispiel »Maikäfer, flieg ...«.
In der klassischen Musik tauchte sie unter anderem bei Komponisten wie Puccini, Débussy, Bartok und Orff auf.
Die fünf Töne teilen jeweils eine Oktave in fünf Ganztöne auf; Halbtöne werden nicht verwendet. Auf dem Klavier finden wir die Ganztonschritte der Pentatonik am einfachsten über die schwarzen Tasten wieder. Grundsätzlich ist jedoch jede Tonreihung von Ganztönen zu einer Oktave, zum Beispiel C, D, E, G, A und wieder C oder D, E, G, A, H und D im Rahmen der Pentatonik möglich.
Die pentatonische Musik vermittelt Geborgenheit und Schutz; sie führt zum Ursprung des Wesens zurück. Sie ist dynamisch und lebensnah. Sie öffnet auf einfache Weise den Weg in die eigene Musikalität – auch für »unmusikalische« Menschen – und bietet einen Einstieg für das eigene Musizieren am Instrument.

Pentatonische Dynamik bei Tischanordnung in Seminaren

Bei meinen mehrtägigen Seminaren habe ich Versuche mit der Tischanordnung gemacht. Üblich ist eine Hufeisenform oder ein Rechteck. Ich habe, angeregt durch die Fünftonarbeit, die Tische versuchsweise in einem Fünfeck, also einem »Pentagon«, aufgestellt. Meine Beobachtungen waren, daß es dabei zu einem aktiveren Energiefluß zwischen den Seminarteilnehmern untereinander kam. Die Aufmerksamkeit war erhöht, übliche Ermüdungserscheinungen traten nicht mehr auf.
Hier spiegelt sich das »Mutter-Kind-Prinzip« wider, wie es in der Fünf-Elemente-Lehre zum Ausdruck kommt. Die Impulse gehen zunächst vom Vortragenden aus, und dann im Uhrzeigersinn weiter.

Zur Verbindung von pentatonischer Musiktherapie und Akupunktur

Wie anfangs kurz erwähnt, entdeckte ich eine hochwirksame Entsprechung zwischen den fünf Elementen und Tönen der pentatonischen Reihe. Die Zuordnung der Elemente zu den fünf Tönen ist:

Holz	–	Cis
Feuer	–	Dis
Erde	–	Fis
Metall	–	Gis
Wasser	–	Ais

Nach meinen Erfahrungen ist die Kombination von Akupunktur mit einer pentatonischen Musiktherapie besonders wirksam dann, wenn es sich handelt um

- Notwendigkeit der Dynamisierung,
- Organschwächen,
- psychische Leiden.

Methode zur generellen Dynamisierung

pentatonische Musiktherapie	*Akupunktur*
ca. 20 Minuten eine immer wiederkehrende Folge der fünf CIS, DIS, FIS, GIS und AIS … (siehe auch Begleit-CD).	Dickdarm 4 Lunge 7 Dreifach-Erwärmer 5

Fallbeispiel

Patient Harald K., 45, litt an den *Folgen einer Hepatitis* und war ständig lustlos und apathisch. Wir gaben neben den spezifischen homöopathischen Medikamenten die Heilfarbe Rot, weil sie die Leber anregte und aufbaute. Als Musik nahmen wir die sich wiederholende pentatonische Reihe Cis-Dis-Fis-Gis-Ais, weil sie auf eine sehr angenehme und dynamische Art umfassend heilen kann. Als Abschluß spielten wir ihm die *Divine Love* als liebevolle, sanfte Heilmusik vor. Die Wirkung hat uns selbst überrascht. Schon nach wenigen Sitzungen war der Patient in einer positiven Stimmungslage, die noch anhält.

Fallbeispiel
Frau Helga M., 43, klagte über abnorme Müdigkeit und sehr ausgeprägten *Meteorismus* (= übermäßige Gasansammlung im Magen-Darm-Trakt). Sie litt auch unter Spasmen im Oberbauch. Als Musikbehandlung wählten wir die Pentatonikreihe des Sheng-Kreises und dann den 3. Satz der *Mondscheinsonate* von Beethoven. Als Musiktherapie für zu Hause gaben wir ihr die *Planetenmeditation* mit. Bereits nach vier Behandlungen waren die Beschwerden aufgelöst. Frau M. ist auch heute noch beschwerdefrei.

Behandlung von Organschwächen, allgemein

pentatonische Musiktherapie	*Akupunktur*
ca. 20 Minuten eine immer wiederkehrende Folge der fünf Töne CIS, DIS, FIS, GIS und AIS …	Milz-Pankreas 4,6 Magen 36 Galle 41 KG (Hara) 6, 7, 12, 15 Dickdarm 4 Dünndarm 3 Dreifach-Erwärmer 15 Lunge 7 Leber 3

Organschwächen zu behandeln ist eine Domäne heilender Musik. Natürlich ist die richtige Diagnose unerläßlich. Als Musik kommt vor allem die *pentatonische Tonfolge des Sheng-Kreises* in Betracht. Im Sinne des Mutter-Kind-Prinzips, wonach ein Organ seine Kraft an das jeweils nächste weitergibt, dynamisieren wir alle relevanten Organsysteme mit gutem Erfolg. Zusätzlich geben wir gern die *Planetenmeditation* und das *Ecce gratum* und *Fortuna imperatrix mundi* aus der Carmina Burana; beide Musiken rufen zum Tätigwerden auf.

In der Farbtherapie spielen Rot, Orange, Magenta und Lemon eine wichtige Rolle. Wir schließen gern mit Weiß ab. Meines Erachtens wird weißes Licht in der einschlägigen Literatur als Heilfarbe noch unterbewertet.

Als sehr angenehm und heilsam wird auch *Spiritual Journey* empfunden. Der Teil 2 umfaßt den ganzen Menschen, weil er den Ton und die Tonart des Kronenchakras, H, erklingen läßt. Bei allgemeiner Organschwäche ist auch der 2. Satz von *David* angezeigt, der ganzheitlich wirkt.

Linderung psychisch bedingter Leiden, allgemein

pentatonische Musiktherapie	*Akupunktur*
ca. 20 Minuten eine immer	Herz 3
wiederkehrende Folge der	Lunge 7, 10
fünf Töne CIS, DIS, FIS,	Magen 36
GIS und AIS …	KG (Hara) 12
(siehe auch Begleit-CD)	Niere 8

Fallbeispiel

Patientin F. H., 73, befand sich in *Psychotherapie*. Bereits zweimal war sie in einer Nervenheilanstalt. Sie litt unter stets wiederkehrenden Schüben einer abgrundtiefen Traurigkeit und war von fast grenzenloser Angst erfüllt. Dazu kam noch ein ständiges Zittern. Die Ärzte empfahlen eine engmaschige Betreuung nach der Entlassung aus der stationären Behandlung. In dieser Situation kam sie in unsere Praxis. Um eine Organbeziehung zu finden, bedienten wir uns zunächst der Wandlungsphasentabelle (siehe Seite 104). Wir finden unter Lunge Traurigkeit, unter Nieren Angst und Zittern. Das führt zu unserem Akupunkturkonzept. Über die entsprechenden Organpunkte wird die Patientin nun täglich behandelt. Als Musik spielen wir die *pentatonische Tonfolge* ein, weil sie geschmeidig große Tiefen erreichen kann. Da der Mond und seine Entsprechungen im psychischen Bereich oft eine Rolle spielen und Gis der Mondton ist, dürfen wir mit einer wirkungsvollen Unterstützung durch diese Heilmusik rechnen. Zusätzlich spielen wir die *Impromptus* von Schubert, *Clair de Lune* von Débussy, *einfache Kinderlieder* und *irische Volksweisen* ein. Langsam gewinnt die Patientin wieder eine Art Urvertrauen zurück; sie nimmt wieder Anteil am Geschehen um sich herum und ist aus der Sicht der besorgten Umwelt wieder »viel angenehmer« geworden.

Linderung psychisch bedingter Leiden, spezifisch

Ich möchte einige Vorschläge zur spezifischen Behandlung einzelner psychosomatischer Leiden anführen. Die musiktherapeutische Begleitung bleibt genau wie oben angeführt, und zwar während der gesamten Behandlungsdauer.

Angst/Zittern, Weinen	– Niere 3, 10
Traurigkeit	– Lunge 8, 10
Unterdrückung, Gefühl, ständig gedrängt zu werden, Sorgen und Grübeln	– Milz, Pankreas 1, 3
Hysterie, übertriebene und unnatürliche Fröhlichkeit	– Herz 3, 8
Zorn, Wut	– Leber 1, 4

Ausgleich von Leere und Fülle

In der Akupunktur definieren wir Gesundheit als Ausgleich zwischen Leere und Fülle. Wir unterscheiden deshalb auch zwischen Anregung und Beruhigung. Organbezogene Punkte liegen auf den jeweiligen Akupunkturmeridianen, also bestimmten Energiebahnen im Körper.

Ergänzung durch Frequenzgeber

Neben der pentatonischen Musik mit der beschriebenen Tonfolge Cis, Dis, Fis, Gis und Ais hat es sich als besonders heilerisch

wirksam herausgestellt, bei der Nadelung zusätzlich auch den Frequenzgeber zu benutzen. Dabei werden seine Schwingungen aber nicht mehr auf die Ohrläppchen übertragen, sondern direkt an die Einstichpunkte der Nadeln.
Falls eine Stimulierung notwendig ist, verwenden wir die aktivierende Frequenz des Tagestons der Erde (194,18 Hz); falls eine Beruhigung erforderlich ist, so bedienen wir uns der Schwingung von 136,10 Hz (dem Jahreston der Erde). Im allgemeinen behandeln wir über die Alphawellenschiene.

Anregung und Beruhigung

Zeitgleich zur Akupunkturbehandlung der nachstehend aufgeführten einzelnen Tonisierungs- und Sedierungspunkte entlang den entsprechenden Meridianen kommen als Musiktherapie räumlich gehörte Klänge zum Einsatz, also ohne Benutzung des Kopfhörers. Man kann sowohl eine Musik verwenden, die eine alternierende Abfolge von Dur- und Moll-Dreiklängen spielt, oder eine insgesamt symphonisch harmonisierende Musik.

- Die Begleit-CD bringt eine alternierende Folge der Dur- und Moll-Dreiklänge C-E-G und C-Es-G.
- Die Musikproduktionen *To You* (beide Seiten), *Divine Harmony* (Seite 2) und *Divine Love* (Seite 2) bieten in sich geschlossene und ganzheitlich ausgleichende Musik.

Folgende Hinweise dienen als Erinnerung für Akupunkturpraktiker und erster Einstieg für Anfänger. Es sind nur einige wesentliche und keinesfalls alle Punkte genannt. Auch sei damit kein Akupunkturlehrbuch ersetzt.

- Bei Hypotonie (= niedriger Blutdruck), Herzschwäche, Altersherz, zu langsamer Herzschlagfolge, Alpdrücken, Kreislaufstörungen: *Tonisierungspunkt Herz* 9.
- Bei Herzstichen, Herzrasen, Herzrhythmusstörungen, Herzflattern, Herzbeutel-Innenhautentzündung: *Sedierungspunkt Herz* 7.
- Bei Schleimhautentzündungen des Dünndarms (Folge kann zum Beispiel Durchfall sein), Dünndarmträgheit, Darmfäulnis mit übelriechenden Gasen, Kopfschmerzen, allgemein, mit Benommenheit sowie auch bei Verstopfung bis hin zum totalen Verschluß; günstig auch bei Depressionen; vor allen chiropraktischen Behandlungen, weil er eine Entspannung der gesamten Wirbelsäule bewirkt (in diesem Fall sollte die Nadel kräftig manipuliert bzw. gedreht werden – schmerzhaft!): *Tonisierungspunkt Dünndarm* 3.
- Bei Darmkrämpfen, Schwerhörigkeit, Epilepsie, Zahnfleischentzündungen und bei Ischialgie: *Sedierungspunkt Dünndarm* 8.
- Bei Menstruationsstörungen, Schwerhörigkeit, Harnverhaltung und Blasenentzündung: *Tonisierungspunkt Blase* 67.
- Bei Lumbago nach Erkältung, Blasenkrampf, Furunkulose, Verstopfung und Durchfall: *Sedierungspunkt Blase* 65.
- Bei Niereninsuffizienz nach Erkältung, Stimmverlust, allen Schleimhauterkrankungen, Hypotonie (niedriger Blutdruck), Nierensteinen, Prostatitis, Scheidenjucken; Depressionen: *Tonisierungspunkt Niere* 7.
- Bei kalten Füßen, Asthma, Appetitlosigkeit, Lähmung der unteren Gliedmaße, Heiserkeit und Entzündung der Mundschleimhäute: *Sedierungspunkt Niere* 1.
- Bei Angst vor Herzversagen, Hypotonie, nächtlichen Angstzuständen: *Tonisierungspunkt Kreislaufmeridian* 9.
- Bei Herzklappenfehlern, Rheuma, Versagen der Gallenblase,

Prostatavergrößerung, Fieberdelirien, Nymphomanie: *Sedierungspunkt Kreislaufmeridian 7.*

- Bei Neurasthenie (=Nervenschwäche), zur Anregung von Lunge und Darm, bei Schwerhörigkeit, Schulter-Arm-Neuralgien: *Tonisierungspunkt Dreifach-Erwärmer 3.*
- Bei Überfunktion der Atmungs-, Verdauungs- und Urogenital-Organe, Nymphomanie, Bronchitis, allgemeinen Hautleiden: *Sedierungspunkt Dreifach-Erwärmer 10.*
- Bei Gallenblasenschwäche, Gelbsucht, Herzmuskelschaden, Schlaflosigkeit, allgemeinem Hautjucken: *Tonisierungspunkt Galle 43.*
- Bei Gallenstau und -kolik, Gallenblasenkrämpfen, Arthritis (Gelenkentzündung, besonders der Knie), Blasenentzündung; auch bei Venenerkrankungen; bei allgemeiner Übersäuerung des Organismus: *Sedierungspunkt Galle 38.*
- Bei Leberstauung, Zirrhose mit Bauchwassersucht; auch bei (Fließ-)Schnupfen, Schlaflosigkeit, Kopfschmerzen, Blasenschwäche: *Tonisierungspunkt Leber 9.*
- Bei Entzündungen der Leber und Gallengänge, Blinddarmreizung und -entzündung; versuchsweise auch bei Diabetes; bei Hämorrhoiden, Gelbsucht, Lumbago, Bettnässen, Zwischenrippenneuralgie, Parodontose: *Sedierungspunkt Leber 2.*
- Bei beginnender Herzschwäche, ungenügender Atmung infolge von Lungenemphysem, Bindehautentzündung, Schlaflosigkeit, Asthma, Erbrechen; dieser Punkt bewirkt ein Maximum an arterieller Durchblutung: *Tonisierungspunkt Lunge 9.*
- Bei Heiserkeit, Stimmverlust, Herzbeutelentzündung, erhöhter Wasserausscheidung: *Sedierungspunkt Lunge 5.*
- Bei zu trockener Haut mit Ekzemen, Furunkulose, Gleichgewichtsstörungen, Arteriosklerose, Venenentzündung: *Tonisierungspunkt Dickdarm 11.*

- Bei Magengeschwüren, übermäßigen Blähungen, Ohrensausen, Gleichgewichtsstörungen, Hals- und Rachenentzündungen und Verstopfungen: *Sedierungspunkt Dickdarm 2 und 3.*
- Bei mangelhafter Fettverwertung aus der Nahrung, Schwerhörigkeit bis zur Taubheit, Hämorrhoiden, Bindehautentzündung, Ekzemen, Magenschwäche (ungenügende Magentätigkeit), Parodontose; auch bei rissiger Haut an den Händen: *Tonisierungspunkt Magen 41.*
- Bei saurem Aufstoßen, Verstopfung mit vergeblichem Stuhldrang, Magenübersäuerung, Alkoholismus, Abneigung gegen Süßigkeiten, Magengeschwüren, Knochenhautentzündung, Frigidität, Mundschleimhautentzündungen: *Sedierungspunkt Magen 45.*
- Bei Unruhe, Angst, Aufgeregtheit, plötzlichen Schweißausbrüchen, Gesichtslähmung, Magengeschwüren, Anorexie (=Abmagerung), Überschuß an Magensäure; auch bei Konzentrationsschwäche von Kindern; bei Erbrechen, Gedächtnisschwund, Ischias, Lumbago: *Tonisierungspunkt Milz-Pankreas 1 und 2.*
- Bei Leukämie, Anämie, Rachitis, Verstopfung, Milzschwellung; versuchsweise bei Diabetes; auch ein Spezialpunkt bei allen Venenerkrankungen: *Sedierungspunkt Milz-Pankreas 5.*
- Bei Herzversagen, Aufgeregtheit, Neuralgien, Gaumensegellähmung (Stimmverlust), Schwerhörigkeit, Diabetes, übermäßigem Durst: *Tonisierungspunkt Konzeptionsgefäß 24.*
- Bei Stimmbandlähmung, Heiserkeit, Reizhusten, morgendlichen Durchfällen: *Sedierungspunkt Konzeptionsgefäß 22.*
- Bei körperlicher und seelischer Erschöpfung, Erschlaffung der Uterusbänder (Gebärmuttervorfall), Frigidität, Lumbago: *Tonisierungspunkt Gouverneurgefäß 4.*
- Bei Nierenschmerzen, Menstruationsstörungen: *Sedierungspunkt Gouverneurgefäß 5.*

Bitte vergessen Sie nicht, während der gesamten Akupunktursitzung die entsprechende Musiktherapie, wie oben beschrieben, parallel weiterlaufen zu lassen.

Die Töne der Gestirne

Erinnern wir uns, daß es für die Gestirne ganz spezifische Töne gibt, die wir durch das Verfahren der Oktavierung ihrer Umlaufzeiten ermitteln können. So kennen wir den Sonnenton, C, den Jahreston der Erde, Cis, den Achsenton der Erde, F, den Tageston der Erde, G, und den Mondton, Ais/Gis.

Wenn diese Töne gleichzeitig als »Akkord« gespielt oder angeschlagen werden, so entsteht ein stark disharmonischer, dissonanter Klang. Er ergibt sich vor allem aufgrund des »Tritonus« Cis-G.

Wenn Sie ein Tasteninstrument zu Hause haben und sich insoweit auskennen, daß Sie wissen, wo die Töne liegen, sollten Sie jetzt selbst einmal ausprobieren, wie der angegebene Fünfklang tönt.

Danach spielen Sie bitte die fünf Töne einzeln nacheinander, pointiert und so, daß ihr Nachhall in den nächsten Ton hinüberschwingt, mit weichem Anschlag und wiederholen Sie diese Sequenz mehrere Male.

Auf der Begleit-CD hören Sie solche Sequenzen.

Sie werden nun plötzlich dieselben Töne ganz anders wahrnehmen, nämlich als eine silbrig feine Melodie, die sich auf eigentümliche Weise aus der Erdenschwere zu lösen scheint.

In meiner *Planetenmeditation* kommen – bis auf den Sonnenton – alle anderen Töne der Gestirne symphonisch zu Gehör. Die Dynamik der Musik löst Blockaden, die sich durch zu starke Erdenverhaftung (auch im übertragenen Sinne) gebildet haben.

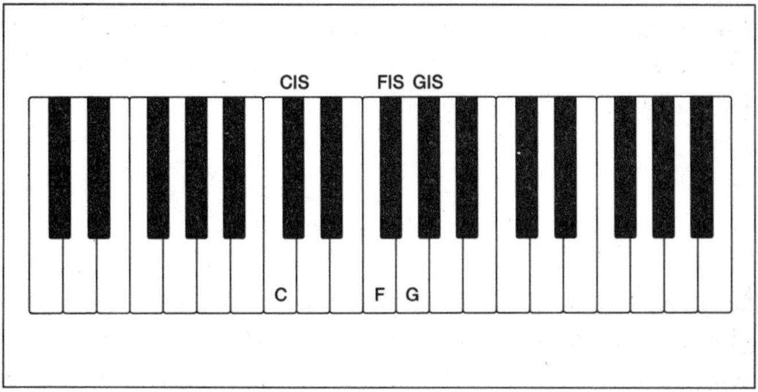

Abb. 12: Klaviatur
Die fünf im Text genannten Töne C, Cis, F, G und Ais/Gis finden Sie auf bzw. über den markierten Tasten

Die Musiksequenzen erklingen in immer höheren Oktaven und erfüllen damit den Sinn der Oktave: sich auf einer höheren Ebene ein zweites Mal finden.
Auf der Begleit-CD finden Sie ein Musikbeispiel der fünf Töne von Erde, Sonne und Mond in einer harmonischen Folge, von Oktave zu Oktave.
Die Mönche der Abtei von Cluny in Frankreich müssen wohl um das Geheimnis der Töne der Gestirne gewußt haben, denn sie meißelten in das Kapitell einer Säule folgenden Spruch:

Oktavus Omnes Sanctos Docet Esse Beatos.
Die Oktave lehrt die Menschen, wie man selig wird.

Musik ist die Vermittlung
des geistigen Lebens zum sinnlichen.

Bettina von Arnim

6

Musik und andere Naturheilverfahren

Obertonmusik

Obertöne

Töne ohne Obertöne gibt es nicht. Der Oberton schmückt den Grundton, er gibt Farbe und Wohlklang. In einer Obertonreihe ist der erste oder unterste Ton der stärkste Ton; man nennt ihn Grundton. Obertöne schwingen (oft kaum hörbar) zum Grundton in einem bestimmten Verhältnis mit.

Die Obertonreihe über dem Ton C lautet zum Beispiel:
C – c – g – c' – g' – b' – c'' – d'' – e'' – fis'' – g'' – a'' – b'' – h'' – c'''

Die Obertonreihe bildet also bestimmte harmonikale Intervalle. Man empfindet sie als von großer Zartheit und Schönheit.

Obertonsingen

Das Obertonsingen findet immer mehr Freunde, weil es eine beglückende und heilende Erfahrung darstellt. Beim Obertonsingen singt man Vokale, die in Konsonanten enden, zum Beispiel A-u-m (eine andere Form des Om). Es kommt darauf an, den gewählten Ton voluminös im Mund zu formen. Dazu bildet man mit der gesamten Mundhöhle eine Art Gewölbe, wobei der

Mund leicht geöffnet bleibt; der jeweilige Anfangsvokal bestimmt die Mundform (beim A ist er am offensten, beim I am geschlossensten). Die Zunge befindet sich immer in der unteren Hälfte des Mundes; beim A-u-m wird sie zum Beispiel recht weit nach hinten zurückgezogen. Durch eine leichte Veränderung der Lippenformung kann man dem Ton eine veränderte Klangfarbe geben.

Obertonmusik

Die Obertonmusik wurde und wird besonders in Klöstern gepflegt (gregorianische Gesänge und Musik aus den orthodoxen Kirchen). Heute gibt es verschiedene Musiker, die eine »moderne« Obertonmusik einspielen (zum Beispiel Michael Vetter und Stephanie Wolff).

Harmonikalische Gesetze der Obertonreihe

Gesetze der Harmonie und der harmonischen Zusammenklänge einzelner Bestandteile oder Faktoren eines Systems gelten nicht nur in der Musik, sondern bekanntlich auch in der Natur. Beispielsweise bildet der Aufbau eines Getreidehalms mit den Abständen zwischen den Knötchen seines Halmgerüsts Intervalle analog zur Obertonreihe. Wir finden im fließenden geschwungenen Aufbau von Schneckenhäusern ebensolche Gesetzmäßigkeiten, wie sie der Obertonreihe zugrunde liegen. Bei älteren Dombauten (zum Beispiel bei der Castor-Kirche in Koblenz von 900 oder der Kathedrale von Chartres 12./13. Jh.) entdeckt man gleichfalls die Intervalle der Obertonreihe wieder, und zwar bei Aufbau und Maßen von Säulen und Gewölbebögen.

Gitarrenspieler wissen, daß sich die Abstände der Stege nach den Intervallen der Obertonreihe richten.
Sogar das logarithmische System in der Mathematik ist auf diesem Prinzip aufgebaut.
Der Astronom und Mathematiker Johannes Kepler (1571 bis 1630) ist über die Kenntnis der Intervallgesetze der Obertonreihe zur Bestimmung seines »Dritten Keplerschen Gesetzes« geführt worden, in dem er Umlaufzeiten und Bahnachsen der Planeten berechnete.

Heilung mit Obertönen

Durch die geschilderte Eigenart der Obertöne, gleichzeitig miteinander und in bestimmten Intervallabständen zwischen den einzelnen Tönen zu erklingen, sind wir in der Lage, mit ihrer Hilfe Blockaden jeder Art aus ihrem Grund zu lösen. Blockaden und Energiestaus werden durch die Obertöne nicht abrupt und grob »zerschlagen« oder »aufgerissen«, sondern sie bekommen die Chance, sich von Grund auf zu lösen und die in ihnen gestaute Energie auf natürliche Weise »auszuschwingen«.

Man setzt sie vorzugsweise ein bei

- starken psychischen oder körperlichen Blockaden (zum Beispiel Phobien oder Muskelverspannungen),
- alten unerwünschten und starren Verhaltensmustern.

Man kann sowohl aktiv behandeln, indem der Patient selbst zum Obertonsingen angeleitet wird, etwa 8 bis 10 Minuten, als auch passiv mit einer bereits eingespielten Obertonmusik, zum Beispiel mit der *Planetenmeditation*, *Dreams* und besonders *Spiritual Donation*.

Bei Einsetzen von Obertonmusik in der Heilpraxis sollte man behutsam vorgehen, weil viele Patienten sie anfangs oft als ungewohnt oder sogar unangenehm empfinden (die Parallele zum Prinzip der »Erstverschlimmerung« in der Homöopathie). Es kann aber auch dazu kommen, daß sich der Patient so tief innen angerührt fühlt, daß eine psychische Entkrampfung geschieht, die häufig auch von reichlichem Tränenfluß begleitet wird (was meiner Auffassung nach in vielen Fällen im Sinne der Heilung durchaus erwünscht ist!).
Die Anwendungsdauer kann von Besuch zu Besuch allmählich und achtsam gesteigert werden.

In schwierigen Fällen nehme ich Farbtherapie hinzu, die Farbe Lemon (Gelbgrün), die auf den Solarplexus gestrahlt wird. Ein frisches Gelbgrün hilft dem lebendigen Wachstum und der weiteren Entwicklung.

In der Wiener West-Klinik werden viele HIV-infizierte Menschen, bei denen keine ärztliche Hoffnung mehr auf eine Lebensverlängerung besteht und die sich sehr einsam fühlen, mit der Musik *Dreams* bei ihrem Übergang in die geistige Welt begleitet. Mir wurde berichtet, daß die Menschen von innen her beglückt scheinen und die Musik zu einer würdigen Weise, Abschied zu nehmen, beiträgt.

Bachblüten und Musik

Grundlagen der Bachblüten-Therapie

Als die vorrangigen wahren Krankheiten versteht der englische Homöopath Edward Bach (1886 bis 1936) in seinem Grundlagenwerk »Heal Thyself« (Heile dich selbst) nicht etwa ererbte körperliche Gebrechen, organische Leiden, Unfallfolgen oder Infektionskrankheiten, sondern Stolz, Grausamkeit, Haß, Ichliebe, Unwissen, Unsicherheit und Habgier.
So heißt es: Nur wenn der Mensch seelisch aus dem Gleichgewicht geraten ist, kann sich Krankheit überhaupt manifestieren. Krankheit ist die Wirkung einer unharmonischen Seelenlage – und Gesundheit ist die Wirkung von innerer Harmonie. Also entschloß sich Edward Bach, nicht mehr die Krankheit zu behandeln, sondern Gesundheit zu bewirken. Er behandelte nur noch die sieben disharmonischen, negativen Gefühlszustände. Mit seiner neuen Therapie erzielte er aufsehenerregende Heilerfolge. Kurz vor seinem Tod formulierte Edward Bach seinen Glaubenssatz, den er durch die Heilerfolge bestätigt sah:
Behandle nicht die Krankheit, sondern den Menschen. Ergründe, unter welchen unharmonischen Gefühlen der Mensch wirklich leidet, und schaffe neue Seelenharmonie mit der Heilkraft von Blüten und Pflanzen, die uns Gott und die Natur schenken! Erkenne, daß der Mensch Seele ist, Selbst ist, und Krankheit erst dann entstehen kann, wenn die Persönlichkeit, das kleine Ich, sich aus der Führung der Seele löst, sich vom Selbst trennt und auf eigene Faust im Rahmen seiner Begrenzungen denkt, fühlt und handelt.

Die natürliche Einheit von Persönlichkeit und Seele wird vor allem dann verletzt, wenn wir gegen die Einheit der Schöpfung verstoßen und Stolz, Grausamkeit, Haß, Ichliebe, Unwissen, Unsicherheit und Habgier Raum in unserem Leben geben. Das führt zwangsläufig zu Krankheit.
Krankheit ist demnach die Folge der Trennung zwischen Persönlichkeit und Seele, zwischen Ichkraft und göttlicher Führung. Gesundheit ist demzufolge die Wiederherstellung der Einheit zwischen Ich und Selbst, zwischen dem menschlichen Individuum und der gesamten göttlichen Schöpfung.
Die große kosmische Kraft, die wir Gott oder auch einfach Leben nennen, hat alles bereitgestellt, damit wir unseren Lebensweg der bewußten Entwicklung und Entfaltung, der schöpferischen Anteilnahme und Gestaltung, in Harmonie mit uns selbst und anderen Geschöpfen gehen können.

Bachblüten mit anderen Therapien verbinden

In einem »Appell an meine Kollegen im ärztlichen Beruf« schreibt Bach über die Blüten-Heilmittel:
»Die Heilpflanzen, die ich erwähnte, können in Verbindung mit jeder herkömmlichen Behandlungsweise eingesetzt werden, jeder Verordnung hinzugefügt werden, und sie werden die Behandlung in allen Fällen beschleunigen und unterstützen, seien es akute oder chronische Leiden, die somit erfolgreich behandelt werden. Wir sind in einer Zeit, in der die Schulmedizin mit einem Teil der Krankheit in diesem Lande nicht fertig wird; und es ist Zeit, das Vertrauen der Menschen wiederzugewinnen und unserem edlen Ruf Berechtigung zu verschaffen. Die Kräuter sind für jeden leicht zu verstehen, der sich mit dem Wesen des Menschen beschäftigt, und eine ihrer Eigenschaften ist, daß sie uns helfen,

den Ausbruch organischer Krankheiten zu verhüten, wenn der Fall sich in jenem funktionellen Stadium befindet, das akuten oder chronischen Krankheiten so häufig vorausgeht.«[10]

Edward Bachs umwälzende Erkenntnisse sind:

- die Einsicht, daß jede Krankheit das körperlich greifbare, sichtbare und fühlbare Resultat einer disharmonischen Schwingung ist, die viel früher in der Persönlichkeit entstanden ist und zu einer Dissonanz zwischen Persönlichkeit und Seele geführt hat;
- die Entdeckung von sieben Hauptgruppen von Gemütszuständen als Grundlage für die sachgerechte Einordnung der 38 Blüten;
- die Methode der Übertragung von Heilkräften von Blüten auf Wasser; die heilenden Schwingungen der Bachblüten fördern bzw. bewirken teilweise auch die Gesundung des Menschen durch eine Harmonisierung der inneren, feinstofflichen Gemütsebenen, so daß sich die Persönlichkeit wieder besser der auf der Seelenebene angelegten potentiellen Vollkommenheit zu öffnen vermag.[11]

Zu den sieben Bachgruppen (welche die negativen Gemütszustände beschreiben) gehören sieben positiv wirksame Kräfte, welche auf der geistigen Ebene wirken:

1 Mit Urvertrauen können wir Angst auflösen.
2 Durch Selbstbewußtsein fällt Unsicherheit ab.
3 Mangelhaftes Interesse an der Gegenwart können wir durch aktive Anteilnahme ersetzen.
4 Aus der Einsamkeit sollen wir zum Einssein finden.
5 Eine Überempfindlichkeit können wir durch Hören auf die eigene innere Führung überwinden.

6 Mit Dankbarkeit lassen sich Mutlosigkeit und Verzweiflung heilen.
7 Übertriebene Fürsorge für andere vergeht durch Unterscheidungskraft.

Bachblüten und Musik

Ausgehend von der Einsicht Bachs, daß wir nicht bisherige Krankheiten bekämpfen, sondern neue Harmonie schaffen müssen, um zu Gesundung und Heilung zu gelangen, wende ich allgemein harmonisierende Musik parallel zur Bachblütentherapie an.
Ich empfehle zum Beispiel *Life and Lights*.

Eine Reihe von Therapeuten haben Beziehungen zwischen den Bachblüten und der Farbtherapie herausgefunden und darüber berichtet, so Ingrid Kraaz von Rohr und Monnica Hackl.[12]
Es liegt nahe zu vermuten, daß die sieben Bachgruppen auch etwas mit den sieben Tönen unserer Oktave zu tun haben. Ob sich diese Beziehungen in direkter Entsprechung zwischen den sieben Tönen und den sieben Gruppen ergeben, muß noch weiter erforscht werden. Ich würde mich freuen, wenn Forscher und/oder Therapeuten mir darüber mögliche Erfahrungen und Erkenntnisse mitteilen würden.
Zur Zeit bin ich dabei, die Schwingungen von Bachblüten über eine »Orgonplatte«, eine besonders leitfähige Metallplatte, auf einen Tonträger zu »überspielen« und zu untersuchen, inwieweit diese (wie bei Subliminalinformationen nicht hörbare) Schwingung ergänzend therapeutisch einzusetzen wäre.
Sicher ist dies noch ein weites und hochinteressantes Feld, weil die Grundlagen der Therapie bei den Bachblüten und der Mu-

siktherapie gleichartig sind: Es geht um die Harmonisierung feiner und feinster Schwingungen.

Fallbeispiel
Musiktherapie und Bachblüten ergänzen sich optimal. Frau Doris K., 43, kam in die Praxis, weil sie seit dem Todes ihres Gatten unter einem *»Einsamkeitssyndrom«* litt sowie unter den Folgen eines starken Schocks. Wir behandelten sie zunächst mit dem *Einzelton H*. Dieser Ton spricht den ganzen Menschen an und wirkt über die Aura. Dann gaben wir ihr die Bachblüten-Notfalltropfen und spielten den 2. Teil von *David* direkt über Kopfhörer ein. Diese Musik steht in H-Dur und hat sich oft bewährt, wenn tiefe seelische Belastungen kompensiert werden sollen. Zu Hause hörte die Patientin im Wechsel diesen Teil der Heilmusik *David* und *Life and Lights* und nahm täglich die verordneten Notfalltropfen ein. Schon nach wenigen Tagen kam sie mit einem neuen Lächeln in die Praxis. Inzwischen ist sie heil und gesund.

Fallbeispiel
Patientin E. Z., 23, kam, weil sie unter *Liebeskummer* litt und mit dieser Belastung nicht fertig wurde. Wir gaben Notfalltropfen und spielten *Divine Love*; dazu den *Jahreston Cis*, 136,10 Hz. Die junge Frau erholte sich erstaunlich schnell und gewann ihr ursprüngliches Vertrauen zu sich selbst und ihre Lebensfreude rasch wieder ganz zurück.

Reiki und Musik

Reiki ist einerseits ein Name für die universelle Lebensenergie zur Harmonisierung, Heilung und Bewußtwerdung des ganzen Menschen. Der Begriff bezeichnet aber auch ein System der Übertragung von Heilenergien.
In diesem System bedient man sich der universellen Lebensenergie und überträgt heilende Lichtkräfte mittels der Hände. Die Übertragung erfolgt entweder direkt auf den Empfänger oder – ab dem sogenannten II. Grad – auch in seiner Abwesenheit über Raum und Zeit, mittels bestimmter, kraftgeladener universeller Symbole.
Das Reiki-System geht auf den Japaner Mikao Usui, Lehrer an einer christlichen Klosterschule in Kyoto, zurück, dem sich Ende des 19. Jahrhunderts diese Methode offenbarte. Das Wort Reiki ist ein zusammengesetztes japanisches Wort. Es besteht aus den beiden Silben Rei und Ki. Rei steht für Seele, Geist und heiliger Geist. Ki bezeichnet eine Fülle von Begriffen, unter anderem Geist, Herz, Absicht, Wesen, Energie, Gefühl. Ki ist die Lebensenergie in Form von Kraft, Licht oder Wärme.

Anwendung

Ich wende Reiki immer dann an, wenn alle anderen Methoden den Patienten nicht erreichen. Reiki dient mir in der Heilpraxis zur Kraftübertragung, zum Ausgleich und zur Entkrampfung, zur Schmerzbeseitigung und zur Steigerung des Selbstwertgefühls.

- *Kraftübertragung:* Anwendung der 1. und 2. Reiki-Symbole oder Zeichen – dazu eine stimulierende, dynamische Musik; zum Beispiel aus der Carmina Burana von Carl Orff das *Primo vere*, *Ecce gratum* und das *Fortuna imperatrix mundi*, die Anfangssequenzen des *Also sprach Zarathustra* von Richard Strauss oder auch die *Planetenmeditation*.

- *Energieausgleich:* Reiki-Anwendung über die Hände – dazu eine beruhigende Musik; zum Beispiel *Relax* von Deuter, *Angels Love* von Aeoliah oder *Silence*, *To You* und *Dimensionen* von Sandelan.
- *Schmerzbeseitigung, aktivierend:* 1. Reiki-Zeichen – dazu eine anregende Musik (ca. 3 bis 5 Minuten), anschließend eine entspannende Musik; *Musikbeispiele siehe oben.*
- *Schmerzbeseitigung, sedierend:* Reiki-Anwendung über die Hände (ohne Symbole), »negative« Energien werden vom Patienten »abgezogen« – dazu beruhigende Musik; *Beispiele siehe oben*.
- *Selbstwertgefühl:* Kopfbehandlung mit Reiki über die Hände (ohne Zeichen), anschließend Herz- und Nabelchakra »aufladen«, danach »Hara« (zwei bis drei Fingerbreit unter dem Bauchnabel), schließlich beide Knie und als Abschluß die Füße von den Sohlen her behandeln beziehungsweise aufladen – eine liebevolle und aufbauende Musik, zum Beispiel das *Adagio* aus der *Pathétique* oder das *Adagio* aus der *Sonate No. 14*, beide von Ludwig van Beethoven, oder *Spiritual Healing*.

Mir erscheint es wichtig, daß am Ende einer kombinierten Reiki- und Musiktherapie die Aura ausgestrichen und geglättet, somit also ganzheitlich harmonisiert wird. Ich sage dem Patienten: »Du bist umgeben von einem Lichtpanzer, der alle negativen Energien abprallen läßt.«
Das ist eine der Affirmationen, die ich bei dieser Behandlungsweise verwende. An anderer Stelle hatte ich schon erwähnt, daß die Kombination von Reiki und Musiktherapie durch geeignete Affirmationen und Heilmeditationen noch weiter verstärkt und

damit wirksamer gemacht werden kann (Heilmeditation siehe Seite 56).

Vorschläge für begleitende Affirmationen

Als optimale Hintergrundmusik zu den Reikibehandlungen haben sich fast alle Sandelan-Musiken bewährt, vor allem *Spiritual Healing*, *Silence*, *Divine Love*, *Divine Harmony*, *To You* und *Dimensionen*. Dabei hat es sich als besonders wirksam erwiesen, gleichzeitig Affirmationen einzubringen, die verbal oder mental gesprochen werden.

Parallel zu den jeweiligen Handstellungen und den Bedürfnissen des Patienten kann eine solche Affirmation zum Beispiel lauten:

- Das Licht des universalen Lebensstroms fließt jetzt durch meine Hände ... wohltuende wärmende Energie strömt nun in Ihren Körper. Alle Zellen werden entschlackt, erfrischt, erneuert und erinnern sich an ihre eigentlichen Aufgaben ... Die heilenden Lichtströme des Universums fließen in weißem Licht zu Ihnen ... Sie entgiften ... reinigen ... erneuern ... entschlacken ... beleben ... und heilen – sie heilen jetzt, in diesem Augenblick.

Natürlich bleibt es Ihnen überlassen, welche Worte Sie wählen. Es lohnt sich indes sehr, positive Affirmationen zu sprechen oder zu denken. Affirmationen sind Schwingungen und tragen Energie, so wie es Worte und Gedanken tun. Alle Gedanken und Worte tragen das Bestreben in sich, sich zu verwirklichen. Sehr wichtig: Lassen Sie bei diesen Behandlungen innerlich los, wollen Sie nichts, seien Sie nur Kanal der unbegrenzten Liebe Gottes.

Die Musik spielt in der Reikibehandlung eine große Rolle. Die Vermittlung der universalen Strahlungskraft ist stets ein beeindruckender Vorgang. Zur allgemeinen Reikibehandlung wird die Heilmusik *Silence* empfohlen. Ihre beruhigende unaufdringliche Wirkung ist bei vielen Behandlern beliebt. Wenn man einen Menschen behandelt, der über längere Meditationserfahrung verfügt, kann man auch die Obertonmusik *Spiritual Donation* sinnvoll einsetzen. Aufgrund der Eigenart dieser Musik schwingt sich der Patient sehr schnell in das musikalische Heilgeschehen ein und erfährt raschere Heilungserfolge.

Fallbeispiel

Sabine H., 6, war ein sehr *unruhiges Kind*, das den Eltern ständig ins Wort fiel. Die schulischen Leistungen waren recht schwach. Es schien noch nicht einmal zum Grundschulbesuch zu reichen. Alle bisherigen schulmedizinischen und anderen Behandlungen brachten keinen sichtbaren Fortschritt. Getreu meiner eigenen Praxiserfahrung wendete ich Reiki an und bestrahlte das Kind zusätzlich mit Weiß und Gelbgrün. Im Hintergrund spielt dabei die Heilmusik *Dreams*, eine Verbindung melodiöser Musik mit *Obertönen*. Bereits während der Behandlung wurde Sabine ruhig und nahm interessiert alles wahr, was geschieht. Verbale Affirmationen unterstützten liebevoll den Energiefluß. In den Affirmationen erinnerte ich die Zellen an ihre eigentliche Funktionen und blieb selbst dabei in ständigem Kontakt mit dem Ich-Bin. Nach vier Sitzungen trat eine erfolgversprechende Veränderung ein. Sabine spricht nun deutlicher, wirkte gesammelter und schrieb leichte Diktate fehlerfrei. Die Behandlungen werden zur Zeit noch fortgesetzt.

Farbe und Musik

Farbtherapie ist ein Naturheilverfahren, in dem die Kraft des sichtbaren Lichtes sinnvoll eingesetzt wird, um Beschwerden zu lindern, die Eigenkräfte der Gesundung zu fördern und spezifische Heilwirkungen zu erzielen.
Man bestrahlt mit weißem oder farbigem Licht bestimmte Körperzonen oder Punkte, bisweilen auch den gesamten Körper. Oder man visualisiert Licht oder Farben auf der mentalen Ebene und »sendet« sie in bestimmte Körperbereiche, -teile oder -organe.
Zur Bestrahlung in der Praxis eignen sich sowohl Stand- als auch Handgeräte. Sie sollten über einen Pyramidenaufsatz und vielfache Farbfilterkombinationsmöglichkeiten verfügen. Das wäre das beste.

Zur Bedeutung der Farbe

Rot: Rot ist die Farbe der Aktivität, des Lebens, aber auch der Revolution. In der Therapie sollte Rot behutsam eingesetzt werden, weil es sonst zu Überreaktionen kommen kann. Rot bewährt sich zum Beispiel bei zu niedrigem Blutdruck.
Orange: Orange ist ebenfalls aktivierend; dieser lichtere Farbton führt zu Helligkeit. Wir setzen Orange gern bei depressiven Zuständen ein.
Gelb: Diese Farbe ist ein stark ausstrahlende, aber nicht zu begrenzende Energie. Man wendet sie zum Beispiel oft im Anschluß an Orange an; auch zur mentalen Stimulierung und Steigerung der Kreativität.
Lemon (Gelbgrün): Lemon steht für starke Entwicklung und gesundes Wachstum, vergleichbar dem emporwachsenden Ge-

treide zu Maianfang. In der Therapie bestrahlt man damit unter anderem, wenn der Patient nicht mehr ein noch aus weiß.
Grün: Das ist nicht nur die Farbe der Hoffnung, sondern auch eine Farbe, die auf einen abgeschlossenen Wachstumsvorgang hindeutet. Wir setzen sie gern ein bei Konzentrationsmängeln. Grün schützt auch vor der Verausgabung von Kräften – man kann diese Farbe auch prophylaktisch anwenden.
Türkis: Durch seinen Blauanteil wirkt Türkis kühlend, durch seinen Grünanteil wirkt es beruhigend. Diese Farbe besitzt einen Bezug zum vegetativen Nervensystem. Eine Hauptfarbe in der Therapie bei allen psychosomatischen Leiden (Unruhe, Schlaflosigkeit, Streßfolgen, generell).
Blau: Blau erinnert an das Wasser und den Nachthimmel. Diese Farbe wirkt stark beruhigend und führt nach außen gerichtete mentale Energien nach innen. Besonders geeignet für Meditationsanfänger.
Violett: Eine metaphysische Farbe mit bisweilen magischer Ausstrahlung; wird gern im Bereich der Kirchen, des Okkultismus und der Spiritualität verwendet. In der Therapie bevorzugt eingesetzt zur Aktivierung des 6. Chakras.
Magenta: Dies ist ein Mischfarbe aus einem besonderen Rot und einem besonderen Blau. Wenn man die Farben – zum Beispiel eines Regenbogens – kreisförmig miteinander verbindet, so daß das erste gerade schon sichtbare Rot (nach Infrarot) und das letzte gerade noch sichtbare Blau (vor Ultraviolett) zusammenkommen, so ergibt sich daraus die Farbe Magenta; eine typische »Notfallfarbe«; hilfreich beim Kreislaufkollaps.
Weiß: Weiß ist jenes Licht, in dem alle anderen Spektralfarben enthalten sind. Weiß wird in der Praxis dann eingesetzt, wenn nach Einsatz der anderen, symptomatisch wirkenden Farben subtilere Blockaden gelöst werden sollen. Das Sonnenlicht mit seinem Vollspektrum (die meisten weiß strahlenden Lampen

sind entweder gelblich oder grünlich) ist bekanntlich die Grundlage unseres physischen und auch psychischen Lebens.

Noch ein praktischer Hinweis: Wenn Sie sich einmal völlig erschöpft fühlen, wenn Sie ganz müde und abgeschlagen von der Arbeit nach Hause kommen, dann sollten Sie sich in einen ganz dunklen Raum zurückziehen und einfach abschalten. Denn auch das Dunkel, also die Abwesenheit von Licht, kann heilsam wirken!

In diesem Zusammenhang möchte ich auf das Buch *Die Farben deiner Seele* (siehe Literaturhinweise) hinweisen, das ausführlich auf die Farbtherapie eingeht.

Kombination von Farb- und Musiktherapie

Es gibt unterschiedlichen Zuordnungen von Farben und Tönen. Ich möchte hier auf direkte Entsprechungen eingehen, die sich aus der Qualität der jeweiligen Schwingungen ergeben.

- Die Farben *Rosa*, *Rot*, *Orange* und *Gelb* regen an; ihnen entspricht der Ton G, der »Tageston der Erde«, welcher ebenfalls aktiviert.
  Musikhinweis: Mozarts *Kleine Nachtmusik*, auch *Dimensionen*.
- Die Farben *Lemon*, *Grün*, *Türkis* und *Blau* beruhigen; die musikalische Entsprechung dazu ist der Ton Cis, der »Jahreston der Erde«.
  Musikhinweis: Beethovens *Mondscheinsonate*, 1. Satz.
- Die Farbe *Weiß* baut auf und öffnet geistig; ihr entsprechen der Ton H sowie der Dreiklang H-Dis-Fis.
  Musikhinweis: *Spiritual Journey*, Teil 2.

Durch die Kombination von Farbe und Musik ergibt sich eine intensivere Heilwirkung. Wahrscheinlich hängt das damit zusammen, daß sich der Patient durch die Musik besser entspannt und so die Licht- und Farbschwingungen besser und wirkungsvoller aufnehmen kann.

Ich bevorzuge in der Verbindung mit Farbtherapie bei Erstsitzungen Musik, die über Lautsprecher zu hören ist und nicht über Kopfhörer. Erst bei Wiederholungsbehandlungen gehe ich zu Kopfhörern über. So fühlt sich der Patient beim ersten Besuch nicht überrascht oder überfordert, und er weiß beim zweiten Besuch schon, daß Musik auch Teil der Behandlung ist.

Von einer medialen Heilerin aus der Schweiz habe ich folgende Anregungen zur Kombination von Farb- und Musiktherapie erhalten, die ich gern weitergebe.

- Bei Muskelverspannungen und Krämpfen – Grün, Blau und Weiß und die Musik von *Divine Love*, Seite 2.
- Bei Lungen- und Herzbeschwerden – Weiß und Rosa und die Musik von *Divine Love*, Seite 2.
- Bei Gelenkarthrosen und Arthritis – *Spiritual Healing*.
- Bei Verdauungsstörungen, Atembeschwerden, Problemen mit dem Blutkreislauf, Lymphstauungen – Grün, Blau, Türkis, Rosa und Weiß und die Musik *Divine Harmony* und *Spiritual Healing*, Seite 2.
- Beim Verdauungssystem beginnt diese Heilerin mit blauem Licht im Mund und geht mit dem Licht durch den Hals langsam das ganze Verdauungssystem entlang. Das führt oft zur Darmreinigung ohne Verkrampfungen. Hier wird auch viel mit der Intelligenz der Zellen gearbeitet, um sie daran zu erinnern, wie sie sich verhalten oder zurückbilden oder wie sie

wieder normal werden und ihre Funktionen übernehmen sollen. Als Musik wird *Divine Harmony*, 2. Teil, eingesetzt.

- Bei Blut- und Kreislaufstörungen – Türkis und Weiß, die Hände auf Herz und Solarplexus. Als Musik *Divine Love*, Seite 2, und *David*, 1. Teil.
- Bei Schwächen des Abwehrsystems arbeitet diese Heilerin nur mit der Musik *Divine Harmony*.
- Nach Herzinfarkten, Gehirnschlag, für Alkoholiker und bei mentalen Depressionen – Blau und Weiß, speziell im Kopf-, Hals- und Brustbereich sowie auf den Solarplexus. Bei emotionalen Depressionen – Orange und Weiß an Kopf und Solarplexus. Als Musik *Healing*, 2. Teil, und *Divine Love*, 2. Teil.
- Bei Schmerzzuständen aller Art – nur weißes Licht und der 2. Teil der Musik *Divine Harmony*.

Fallbeispiel
Ein besonders beeindruckendes Beispiel für die Wirksamkeit von Farbe und Musik als Therapieverbindung bietet der Fall des Patienten H. K., 48. Er litt jahrelang unter starken *Schmerzen im gesamten Rückenbereich*. Alle Therapieversuche brachten nur kurzzeitige Linderung. Wir behandelten mit der Farbe Blau und spielten über Kopfhörer die 2. Seite der *Divine Harmony* ein. Zusätzlich zur vorherigen spezifischen Ohrakupunktur nadelten wir Dü3 beiderseits, um eine Entspannung der Rückenmuskulatur zu erreichen. Danach meditierten wir zusammen eine halbe Stunde lang. Herr H. war zunächst beschwerdefrei, konnte sich normal bewegen und den Kopf in alle Richtungen frei drehen. Zu Hause trat eine starke Erstverschlimmerung ein mit Fieber und Schüttelfrost. Als erfahrener Anhänger natürlicher Heilweisen reagierte Herr H. richtig, er trank viel klares Wasser, um Giftstoffe verstärkt über die Nieren auszuscheiden, und blieb im Bett. Nach zwei Tagen war er absolut beschwerdefrei, bis auf den heutigen Tag.

Kristalle und Musik

Jeder Kristall, besonders der Bergkristall oder echte Quarz, strahlt Energie in sein gesamtes Umfeld ab. Wenn wir den Bergkristall mit musikalischen Tönen, Schwingungen und Klängen »aufladen«, weitet er sich dynamisch oder zieht sich entsprechend zusammen. Das ist von den Frequenzen, denen er ausgesetzt ist, abhängig. (Das machte man sich früher bei den ersten primitiven Radios genauso zunutze wie beim Trägermaterial von Computerchips heute, das aus einer Art Kristall besteht.) Der Bergkristall strahlt nach der Aufladung die empfangenen Schwingungen wieder ab.

Für Therapiezwecke sollte man einen schönen Bergkristall mit einer harmonischen Eigenstrahlung etwa 20 Minuten mit der gewählten Musik aufladen. Das geschieht, indem er in einem Raum liegt, in dem die Musik über Lautsprecher erklingt. Vor einer Neuaufladung sollte man ihn in einem Salzwasserbad wieder neutralisieren.

Man kann den musikalisch aufgeladenen Bergkristall zur Behandlung der Chakren und der Akupunkturmeridiane verwenden. Laden wir ihn zum Beispiel mit einer hellen, klaren »Yang-Musik« auf, so wird er eine kraft- und lichtvolle Energie übertragen können.

Nach meiner Praxiserfahrung bewährt sich die subtile Verstärkung von Musiktherapie durch den Bergkristall besonders in der Altersheilkunde. Bei der überwiegenden Zahl älterer Patienten zeigt sich eine Leere der Yang-Meridiane von Dünndarm und Blase, die ich dann entsprechend direkt mit Musik und mit dem Bergkristall behandle. Das führt zu einem deutlichen Gewinn an Frische, Lebendigkeit und subjektiver Lebensqualität.

Musik ist eine subtile Kraft, besonders, wenn sie aus der Meditation entspringt. Probieren Sie einmal aus, einen Bergkristall mit meditativer Musik »aufzuladen« und mit in Ihren Alltag zu nehmen.

Sie können Ihren Kristall auch mit einer der Tonfolgen von jener Begleitmusik aufladen, die für Sie im Augenblick am wichtigsten ist.

Der ist ein Arzt, der das Unsichtbare weiß,
das keinen Namen hat,
keine Materie und doch seine Wirkung.

Paracelsus

7

Heilwirkungen ausgewählter Töne, Instrumente und Musik

Korrespondenz von Instrumenten und Chakren

Verschiedene Instrumente klingen nicht nur unterschiedlich, sondern sie stehen auch in besonderen Verhältnissen zu den Chakren und Organen. Man kann also durch einen bewußten Einsatz bestimmter Instrumente einzelne Chakren gezielt ansprechen. Dabei werden die dazugehörigen Körperbereiche und Organe ebenfalls mit angesprochen (Übersicht auf Seite 66).
Wenn Sie feststellen, daß Sie das Bedürfnis haben, ein Chakra spezifisch anzuregen, können Sie das über eine entsprechende Musik bewirken, der Sie etwa 8 bis 10 Minuten gesammelt lauschen.

- *Trompete* und *Posaune* gehen auf das 1. Chakra, das Vitalzentrum.
- *Beckentrommeln* stehen in Resonanz zum 1. Chakra, dem Vitalzentrum, und 2. Chakra, dem Milzzentrum.
- *Leichtere Trommeln* schwingen zum 2. Chakra, dem Milzzentrum, und springen über zum 5. Chakra, dem Kehlkopfzentrum.
- *Celli* sprechen das 3., das Nabelzentrum, und das 4. Chakra, das Herzzentrum, an.
- *Violinen* bringen das 4. Chakra, das Herzzentrum, in Resonanz.
- *Triangel* und *Tamburin* gehen auf das 5. Chakra, das Kehlkopfzentrum.

- Die *Flöte* spricht das 6. Chakra an, das Seelenzentrum.
- *Dudelsack, Veena* und *alle »nasalen« Tonfarben*, die einen anhaltenden Nachklang bzw. »lang-ziehende« Übergänge besitzen (wie eben der Dudelsack), gehören ebenfalls hierher.
- Stahlsaiteninstrumente, wie *Klaviere* und *Gitarren*, sind aus meiner Erfahrung betrachtet übrigens nicht so geeignet, um bestimmte Chakren anzuregen, mit der Ausnahme des 5. Chakras.
- Die *menschliche Stimme* kann vom Nabelzentrum an aufwärts bis zum Kehlkopfchakra wirken.

Beispiele für Wirkungen von Instrumenten auf Chakren

In der Praxis wenden wir je nach korrespondierendem Chakra ab und zu bestimmte Instrumente an, die in den jeweiligen Musikstücken eine herausragende Rolle spielen.

Bei willensschwachen Patienten haben sich Trompete und Posaune im Rahmen von *Marschmusik* sowie *dynamische Stücke* aus der Carmina Burana von Carl Orff bewährt, besonders dann, wenn die Lebensführung dieser Menschen wenig Sinn für Ordnung erkennen läßt.

Viele jüngere Patienten suchen eine *Trommel-»Musik«*. Sie spricht das 1. Chakra stark an. Mir liegen keine relevanten Praxiserfahrungen vor; deshalb würde ich fundierte Hinweise von anderen Therapeuten gern erfahren.

Die Heilmusik *David* enthält an drei Stellen *Cello-Musik*. Deshalb wird sie in vielen Praxen gern eingesetzt, wenn es um die Behandlung über das 3. Chakra geht. Dabei beobachten wir eine Auflösung von Spasmen. Die Patienten berichten durchweg, daß

eine angenehme Erwärmung im Nabelbereich auftritt. Sodbrennen und Krämpfe werden ebenfalls positiv beeinflußt.
Das 4. Chakra freut sich über »schmelzende« *Violinenmusik* und emotional ausgeprägte Melodieführungen. In der Öffentlichkeit ist diese Art von »Herzmusik« beliebt, auch dann, wenn sie keinen sonderlichen Tiefgang besitzt. In unserer Praxis setzen wir sie fast nie ein.
Die Kommunikationsfähigkeit wird durch sogenannte *Zigeunermusik* gefördert, zum Beispiel die der Reinhardts aus Koblenz. Wir empfehlen sie zur weiteren Behandlung zu Hause, wenn Kontaktschwierigkeiten des Patienten nachhaltiger behandelt werden müssen.
Die Flöte spielt in der heilenden Musik eine sehr große Rolle. Die *Flötenkonzerte* von Mozart lassen das Suchen der Seele nach echtem Sinn erkennen. Der Sitz der Seele am Dritten Auge steht in Resonanz zur Flöte. Deshalb ist dieses Instrument gut geeignet für die Öffnung zum Licht. In der Therapie spielt das dann eine Rolle, wenn der Patient das Ich-bin-Bewußtsein erlangt hat. Dann sind auch alle wünschenswerten Heilungen mit dieser Musik eine Selbstverständlichkeit, weil sich der Patient dann selbst mit dem Heilsein an sich identifizieren kann und somit alle Heilungsvorgänge in Gang setzt.

Einzeltöne und ihre möglichen Heilwirkungen

Die Frage, ob und wie Einzeltöne organisch, psychosomatisch und spirituell wirken, ist weitgehend noch Gegenstand von Forschung und Sammlung praktischer Erfahrungen. Wir sollten uns davor hüten, allzu euphorisch zu glauben, daß ein einzelner Ton Wunderwirkung entfalten könnte und als langgesuchtes

Zaubermittel alle möglichen Beschwerden zu lindern oder zu heilen vermöchte. Dennoch gibt es allgemeine theoretisch erkannte Entsprechungen und in der Heilpraxis ansatzweise erfahrene Wirkungen, die als Hinweis dienen können, in welcher Richtung wir weitersuchen sollten.
Hier nun einige Angaben, die von Musiktherapeuten allgemein als gültig angesehen werden.

C: Das ist der Sonnenton. Wie die Sonne Ursache allen Lebens ist, wirkt der Sonnenton stark belebend und vitalisierend.

D: Der Ton D ist der Marston. Das legt nahe, daß er zwar anregend, gleichzeitig aber auch aufregend und irritierend sein könnte. Zur Heilwirkung dieses Einzeltons liegen noch keine überzeugenden und in sich geschlossenen Erfahrungen vor. (Über Hinweise von Lesern/Leserinnen würde ich mich sehr freuen!)

E: E ist kein »natürlicher« Ton. In der alten europäischen Musik gibt es die »Terz«, also die Tonfolge C-E, nicht! Es scheint ein »Übergangston« zu sein, der zwar eine Beziehung zu den Bauchorganen besitzt, die jedoch noch nicht befriedigend geklärt ist.

F: Dies ist ein heiterer Ton, der das Herz erfreut und regeneriert. Man sagt, daß jeder Wasserfall, alle fließenden Gewässer, sogar ein Glas, das man anfüllt, in diesem Ton schwingen. F ist der »platonische« oder Achsenton der Erde.

G: Der Ton G ist wie C ebenfalls aktivierend, jedoch nicht ganz so intensiv. Er spricht das Wurzelchakra an. Das ist der Tageston der Erde.

A: Dieser Ton vermittelt das Empfinden für Schönheit und Ästhetik und ist sozusagen ein »Kulturton«; es ist der Venuston. (Der willkürlich festgelegte »Kammerton A«, der weltweit der Stimmung der Instrumente dienen sollte, steht in der seit 1939 festgesetzten Frequenz von 440 Hz bei 20 Grad Celsius leider nicht im Einklang mit der natürlichen Harmonie. 1885 wurde er noch mit 435 Hz bestimmt.)

H: Diesen Ton können wir als alles umfassenden Ton bezeichnen, weil er den Menschen ganzheitlich anzusprechen vermag. Er entspricht dem Kronenchakra. *H* stärkt das Selbstwertgefühl und öffnet für spirituelle Dimensionen.

Achten Sie darauf, daß nicht nur die Einzeltöne die angegebene Stimmung bewirken, sondern unter Umständen – aber nicht immer – auch Musikstücke, die in der entsprechenden Tonart gesetzt sind.

Musik und Gemüt

Welche Musik ruft welche Art von Gefühl hervor oder bestärkt eine potentielle Bereitschaft zu einem bestimmten Gemütszustand? Das ist zwar eine subjektive Entscheidung, es scheint aber doch recht häufig genügend Übereinstimmung zu geben, so daß man eine einigermaßen verläßliche Einordnung vornehmen kann.

- Entspannung, Meditation
  Händel – *Exerxes, Largo*
  Dvorák – 9. *Symphonie, Largo*
  Mozart – *Vesperae solennes de confessore, Ave verum corpus*
  Deuter – *Relax*
  Paul Horn – *Inside the Taj Mahal*
  Sandelan – *Divine Harmony, Divine Love*
- Dankbarkeit, Gnade
  Bach – *Herz Jesu meine Freude*
  Palestrina – *Stabat Mater*

Paul Robeson – *Amazing Grace* (oder alle anderen Gospellieder diese Künstlers)
Sandelan – *Spiritual Healing*, *David*

- Kosmische Weite, Raumerfahrungen
Richard Strauss – *Also sprach Zarathustra*
Holst – *Die Planeten* (Mars und Saturn sind weniger geeignet)
Händel – *Messias*, *Hallelujah Chor*
Chopin – *Nocturne in e-Moll*
Mozart – *Vesperae solemnis*, *Laudate Dominum*
Beethoven – 5. *Klavierkonzert*, 2. Satz
Sandelan – *Cosmic Consciousness*, *Spiritual Donation*, *Dimensionen*
- Liebe, Innigkeit
Brahms – *Violinkonzert*, 2. Satz
Schubert – *Ave Maria*
J. S. Bach – *Suite No. 3*, *Air* (auf der G-Violinsaite)
Barber – *Adagio für Streicher*
Liszt – *Liebestraum*
John Coltrane – *A Love Supreme* (»Psalm«)
Mantovani – *Sentimental Strings*
Sandelan – *Divine Love*, *Spiritual Healing*
- Phantasie, Kreativität
Beethoven – *Mondscheinsonate*, 1. Satz
Chopin – *Nocturnes*
Mahler – *Symphonien 5 und 6*
Schumann – *Träumerei*
Zamfir – *Orgel und Panflöte*
Sandelan – *Life and Lights*, *Dimensionen*
- Energie, Kraft
Bach – *Toccata* und *Fuge in d-Moll*
Beethoven – *Klavierkonzert No. 5*
Wagner – *Meistersinger*, *Ritt der Walküren*

Verdi – *Aida, Großer Marsch*
Strawinsky – *Feuervogel-Suite* (die letzten etwa zehn Minuten)
Johann Strauß (d.Ä.) – *Radetzky-Marsch*
Carl Orff – *Fortuna imperatrix mundi* aus der Carmina Burana
Suppé – *Leichte Kavallerie*
Sandelan – *Planetenmeditation, Life and Lights*

- Festigkeit, Zielbewußtsein

Brahms – *3. Symphonie, Nachtlied*
Bruch – *Violinkonzert No. 1, Schottische Phantasie*
Débussy – *Clair de lune*
Tibetanische Gongs *und* Gesänge
Gregorianische Gesänge

- Fröhlichkeit, Freude

Haydn – *Trompetenkonzert*
Vivaldi – *Die vier Jahreszeiten*
Tschaikowsky – *Cappriccio italien*
Smetana – *Die Moldau*

Wo die Sprache aufhört,
fängt die Musik an.

E. T. A. Hoffmann

8

Von den Symptomen zur heilsamen Musik

Therapeutische Indikationen und Fallbeispiele

In diesem Kapitel erfahren die Leserinnen und Leser, die an der Selbstbehandlung mit Musik interessiert sind, welche Art von Musik bei welcher Art von Beschwerden lindernd und heilsam wirkt. Damit erübrigt sich der Besuch eines gut ausgebildeten und erfahrenen Heilpraktikers oder Naturheilarztes natürlich nicht. Nach meiner eigenen langjährigen Praxiserfahrung ist eine nachhaltige Gesundung ohne kompetente Diagnose und gezielte Therapie im Regelfall nicht möglich. Ich empfehle zunächst immer eine sorgfältige Überprüfung der Ernährung, orientiert am Kenntnisstand einer naturgemäßen und gesunden Ernährung. Die Musiktherapie stellt für mich auch keine generelle Alleinmethode oder gar alles heilende Therapie dar, sondern sie sollte meist in sinnvoller Verbindung mit anderen Methoden zum Einsatz gelangen. Einige Kombinationen sind im Kapitel zuvor erwähnt worden. In diesem Sinne sind die folgenden Angaben also bitte zu verstehen: Hinweise zur Musiktherapie aus meiner Erfahrung, nicht Angaben zu einem immer wirksamen Allein- oder Allheilmittel!

Musiktherapie vermag erstaunlich oft den direkten Anstoß zu geben, daß Stauungen und Blockaden im Organismus gelöst werden und der natürliche Energiefluß wiederhergestellt wird. Danach kann sie den Ausgleich der Lebensströme in harmonischer Weise aufrechterhalten. Darüber hinaus trägt geeignete Musik zum seelischen Wohlbefinden des Menschen bei und kann ihn sogar in die Erfahrung seiner höheren Geistigkeit führen. Damit schafft sie eine Grundlage für die ganzheitliche Gesundung, Gesundheit und das umfassende Heilsein.

Kopfschmerzen, allgemein

Kopfschmerzen, allgemein, sind inzwischen zu einer »Volkskrankheit« geworden, vor allem auch als »Migräne«. Dieser Begriff bezeichnet Kopfschmerzen, die unter anderem mit Augenflimmern, Übelkeit, Erbrechen und übermäßiger Lärmempfindlichkeit einhergehen. Hier liegt ein weites Feld für die Anwendung von Naturheilverfahren. Nach meiner Erfahrung liegen die Ursachen für Kopfschmerzen und Migräne überwiegend in Körperzonen unterhalb des Zwerchfells. Nur in seltenen Fällen findet man die Ursachen im eigentlichen Kopfbereich (Tumor). Leber- und Gallefunktionsstörungen, Milzschwellung und -stau, Magenüberlastung und -entzündungen, Belastung der Ovarien, Menstruationsbeschwerden sind sehr häufig die wirkliche Ursache für Kopfschmerzen und Migräne. Deshalb sollte eine wirksame Therapie auch hier ansetzen.

Rechtsseitige Kopfschmerzen

Ursache ist meist eine Störung im Leber-Galle-System; treten vorwiegend bei Frauen auf.
Neben der notwendigen Akupunkturbehandlung (über »Fernpunkte«, nicht am Kopf!) setze ich eine stark dynamische, »feurige« Musik ein, zum Beispiel Stücke aus der Carmina Burana

wie *Uf dem Anger*, *Floret silva*, das *Capriccio espagnol* von Rimskij-Korsakow und *Säbeltanz* von Chatschaturjan. Zusätzlich wird der Frequenzgeber an den Nadeleinstichstellen der Nadeln fixiert und überträgt den Ton G (194,18 Hz), etwa 20 Minuten lang.

Linksseitige Kopfschmerzen

Ursachen im Regelfall Milzstau (oft Überforderung der Milz in der Jugend, »Seitenstechen«, zuviel gelaufen).
Die gleiche *Musiktherapie* (siehe oben) wie bei rechtsseitigen Kopfschmerzen, Nadelung aber an anderen spezifisch organbezogenen Fernpunkten.

Scheitelkopfschmerzen

Ursache oft Funktionsstörungen im Nierenbereich; es wird zu wenig Wasser getrunken!
Zur Akupunktur Musiktherapie mit einer fließenden Musik, zum Beispiel *Wassermusik* von Händel, auch *Dimensionen* und *Life and Lights*.

Hinterhauptkopfschmerzen

Häufig eine der beiden folgenden Ursachen: Störungen des inneren Regelkreises der weiblichen Unterleibsorgane (speziell der Gebärmutter) oder des äußeren Regelkreises der Wirbelsäule (infolge einseitiger – auch berufsbedingter – Belastungen bzw. falscher Haltung).

Wenn die erstgenannte Ursache vorliegt, verwenden wir eine harmonisierende, liebevoll strömende, einfühlsame Musik, zum Beispiel das *Adagio* aus Max Bruchs *Violinkonzert* sowie *Divine Harmony*, 2. Teil, *Divine Love* und *Silence*.
Bei der zweiten Ursache hilft beschwingte Tanzmusik, zum Beispiel *Swing* von Hugo Strasser und vieles von James Last.
Dazu eine begleitende Akupunktur- oder auch chiropraktische Behandlung.

Stirnkopfschmerzen

Ursachen sind bei Frauen im Regelfall Störungen im Vorfeld und Verlauf der Menstruation, bei Männern anhaltende übermäßig beanspruchende Tätigkeit. (Achtung: streßbedingte Stirnkopfschmerzen bei Männern können unter Umständen frühe Vorboten einer späteren ernsthaften Herzbelastung sein.)
In der Musiktherapie nehmen wir zarte, fließende und bewußt harmonisch angelegte Musik, zum Beispiel Smetanas *Die Moldau* oder *Divine Harmony*.
Bei Frauen dazu Rosa im Rahmen der Farbtherapie. Bei Männern hat es sich bewährt, die ausgewählte Musik auch im Auto und am Arbeitsplatz zu hören.

Fallbeispiel

Frau L. M., 24, Lehrerin, kam in die Praxis, weil sie unter starken *Hinterhauptkopfschmerzen* litt, die vorwiegend vor und während der Menstruation auftraten. Wir akupunktierten und strahlten zusätzlich einige Minuten die Farbe Rot auf das 1. und 2. Chakra. Dann wechselten wir die Farbe zu Rosarot. Die Patientin hörte dazu *To You* und *Relax*. Die Musiktherapie wird zu Hause fortgesetzt. Der Behandlungserfolg ist gut.

Fallbeispiel

Rosemarie O., 33, klagte über starke *Stirnkopfschmerzen*, als sie zu uns kam. Diagnose: Reflexe der Ovarien, die sich im Stirnbereich zeigten. Wir bestrahlten mit der Farbe Rosarot und setzten als heilende Musik *Clair de lune* von Débussy und *Spiritual Healing* ein. Die Patientin ist beschwerdefrei.

Fallbeispiel

Doris J., 45, litt unter *Scheitelkopfschmerzen*. Die Diagnose lautete: Die Patientin trinkt viel zu wenig und hat deshalb Nierenprobleme. Reflexe darauf lösten den Scheitelkopfschmerz aus. Nach Anwendung spezifischer Akupunktur und Verabreichung komplexer Naturheilmittel hörte Frau J. die *Wassermusik* von Händel und von Smetana *Die Moldau*. Diese Musik wird als Anregung verstanden, genügend klares Wasser zu trinken, um so die Spasmen zu verhindern. Die Patientin ist bis heute beschwerdefrei.

Halsschmerzen

Die Ursachen können sehr vielfältig sein; es wäre irreführend, hier einzelne zu nennen.
Zur Musiktherapie kommen vor allem Stücke in Frage, in denen Saiteninstrumente eine betonte Rolle spielen, zum Beispiel Harfenklänge, Gitarrenmusik und »Zigeunermusik« mit Violine. »Spitze« Töne, auch der Vokal I, regen dazu an, Blockaden im Hals- und Rachenraum zu lösen; zum Beispiel *Gypsy Music* von Bawo und *Lulo* von Reinhardt und *David*.

Atembeschwerden, Atemnot

Die Ursachen sind zu vielseitig, um hier knapp dargestellt zu werden. Besonderheit: Akupunkteure werden wissen, daß aufsteigendes Milz-Chi und aufsteigendes Magen-Chi zu asthmaähnlichen Beschwerden führen können.
Als begleitende Musiktherapie empfiehlt sich eine fließende und in sich gleichmäßig schwingende Musik; zum Beispiel *I Gitanos* und *Suni* und *To You*.

Herzschmerzen

Die komplexen und mannigfaltigen Ursachen können hier nicht angeführt werden.
Neben einer oftmals notwendigen naturwissenschaftlich-medizinischen Behandlung oder zumindest Begleitung empfehle ich dazu eine harmonisch-wohlklingende, dabei aber auch dynamische Musik; zum Beispiel *Die vier Jahreszeiten* von Vivaldi, das *Adagio* aus der *Pathétique* von Beethoven und *Spiritual Healing*.

Zur Verwendung der Musik von *Spiritual Healing* in Krankenhäusern (z.B. Städtisches Elisabeth-Krankenhaus, Zweibrücken) und in Privatpraxen liegen außerordentlich ermutigende Rückmeldungen vor.

Fallbeispiel
Patient G. B., 46, kam zu uns mit unklaren *Herzschmerzen*, die abends besonders stark auftreten. Nach Verordnung und Verabreichung spezifischer naturheilkundlicher Medikamente bestrahlten wir mit Grün und Rosarot. Über einen Kopfhörer hörte Herr B. die *Spiritual Healing*, die sich gerade bei Herzbeschwerden bewährt hat. Der Patient hört auch zu Hause weiterhin regelmäßig diese Heilmusik und ist bis heute beschwerdefrei.

Fallbeispiel
Frau Erna T., 67, kam in die Praxis und klagte über *Stiche in der Herzgegend*. Wir stellten außerdem Arrhythmien fest. Nach einer sedierenden Akupunktur erhielt die Patientin herzspezifische Therapeutika. Auch hier bestrahlten wir sodann mit den Farben Grün und Weiß. Als heilende Musik kamen *Spiritual Healing* und *Dimensionen* zum Einsatz. Die angesprochenen Organe reagierten signifikant. Die Patientin behält die Musiktherapie zu Hause bei und berichtet, daß sie jetzt schmerz- und beschwerdefrei ist.

Rückenschmerzen

Die meisten Rückenschmerzen gehen in der Regel darauf zurück, daß wir falsch stehen, gehen oder sitzen. Dabei belasten wir vor allem das Skelett und damit verbunden die entsprechenden Muskeln einseitig. Das führt zu Verformungen der Wirbelsäule (= Skoliosen und/oder Kyphosen) und Muskelverspannungen. Beides beschert uns Rückenschmerzen.
Spezifische Maßnahmen zur Symptomlinderung (Gymnastik, Massage, Chiropraktik, Akupunktur usw.) sollten ergänzt werden durch das Bemühen des Patienten, sich tagsüber so oft wie nur möglich an die natürliche Aufrichtung zu erinnern und sie, soweit es ihm möglich ist, auch einzunehmen. Bitte denken Sie auch daran, daß Sie viele Stunden am Tag im Bett verbringen und deshalb eine anatomisch günstige Matratze brauchen.

Verspannungen in Schultern und Oberarmen

Kommen vor allem bei lang anhaltender sitzender Tätigkeit vor, am Schreibtisch oder vor dem Computer, oder bei ungewohnter körperlicher Tätigkeit (Gartenarbeit). Das Gefühl, daß man die Last des Lebens nicht mehr tragen kann, bedrückt in diesem Fall oft zusätzlich seelisch.
Wir wenden fließende, nicht rhythmische Musik an, deren Sequenzen nicht kurz und abgehackt, sondern weiträumig und tiefgreifend wirken; zum Beispiel das *Klavierkonzert in Es-Dur* von Ludwig van Beethoven (op. 81a) oder *Divine Harmony*.

Brustwirbelschmerzen

Diese Schmerzen entstehen ebenfalls durch Fehlhaltungen und berufsbedingtes langes Sitzen (Verwaltung, Sekretariat). Ein Einfallen des Brustbereichs deutet auch auf einen resignativen Rückzug hin angesichts vermeintlicher Erfolglosigkeit bei der Selbstverwirklichung.
Die musiktherapeutische Begleitung bringt eine ausgesprochen fröhliche, lebensbejahende Musik; *leichtbeschwingte Tanzmusik*, zum Beispiel von Hugo Strasser oder James Last, auch *David* oder der 2. Teil von *Dimensionen*.

Ischiasbeschwerden, Kreuzschmerzen

Sie entstehen durch Bandscheibenvorfälle und Pressionen im Bereich des 4. und 5. Lendenwirbels; auch durch Erkältungskrankheiten.
Neben einer balneologischen Behandlung (medizinische Bäder), Akupunktur, Neuraltherapie und ähnlichen Methoden erbringt eine zunächst einmal beruhigende und besänftigende Musik eine sinnvolle musiktherapeutische Ergänzung, vor allem klassische Musik, die einer harmonischen Ordnung folgt und diese vermitteln kann, zum Beispiel *Chromatische Fantasie* und *Fuge d-Moll* von Bach sowie *Divine Harmony*.
Nach Abklingen der Beschwerden kann man langsam übergehen zu beschwingter Musik (Musikbeispiele siehe Brustwirbelschmerzen).

Nierendruck

Häufige Ursache sind Partnerschaftsprobleme. Außerdem trinken die meisten Menschen nicht ausreichend genug klares gutes Wasser (etwa 1,5 bis 2 Liter am Tag!).
Hier wenden wir eine deutlich harmonisierende zarte Musik an; zum Beispiel *Klavierkonzerte* von Mozart, Händels *Wassermusik* und *Divine Harmony*.

Fallbeispiel
Patient R. H., 34, klagte über allgemeine *Rückenschmerzen*, als er zu uns in die Praxis kam. Er ist Kraftfahrer von Beruf und muß deshalb lange Zeit mehr oder weniger unbeweglich sitzen. Er neigt zu deutlicher Korpulenz. Die Diagnose ergab einen Beckenschiefstand mit ausgeprägter Skoliose. Für die Auflockerung des Patienten akupunktierten wir zunächst und gaben blaues Licht auf den gesamten Rückenbereich, etwa 20 Minuten lang. Über Kopfhörer hörte Herr H. *Divine Harmony*. Diese heilende Musik nahm ihm allmählich seine innere Anspannung. Nach etwa 30 Minuten behandelte ich ihn chiropraktisch. Die verschobenen Wirbelkörper nahmen wieder ihre ursprünglichen Positionen ein. Wir empfahlen dem Patienten, zu Hause *beschwingte Tanzmusik* (zum Beispiel von James Last und Hugo Strasser) zu hören und sich auch danach ganz frei zu bewegen. Der Patient ist seither beschwerdefrei.

Fallbeispiel
Frau Waltraut R., 32, ist als Sekretärin tätig und litt unter einem *Schulter-Arm-Syndrom*. Die Schmerzen strahlten bis in die Hände aus, und die Finger waren teilweise pelzig und wenig gefühlsfähig. Wir bedienten uns der Farbe Blau in der Farbbestrahlung und spielten etwa 20 Minuten lang *Divine Harmony*, danach eine *beschwingte Tanzmusik* von James Last. Über die spezifischen Akupunkturpunkte im Ohr lockerte wir die Schmerzzonen auf. Die anschließende chiropraktische Korrektur ging sehr leicht vonstatten. Mit einer hyperämisierenden (= durchblutungsfördernden) Salbe massierten wir abschließend den Schultergürtel. Die Patientin ist nun beschwerdefrei.

Bauchschmerzen

Es handelt sich dabei um den großen Komplex von Druck im Oberbauch (Solarplexus), Magendruck, Gallenschmerzen, Milzbeschwerden, Seitenstechen, Bauchspeicheldrüsenbeschwerden und anderen Symptomen mehr.
Sie entstehen im allgemeinen durch eine Summierung vieler, auch kleinerer Funktionsstörungen in den Einzelsystemen, nämlich Leber-Galle, Bauchspeicheldrüse, Magen, Milz, Dünndarm, Dickdarm, Blase und bei Frauen auch im gynäkologischen Bereich.
Seelische Ursachen sind Schocks, die »auf den Magen schlagen«, Sorgen, Verdruß, Kummer. Gleich, ob Bauchschmerzen physisch oder psychisch bedingt sind, handelt es sich fast immer um Verkrampfungen (Spasmen). Sie kennen sicher Redewendun-

gen wie: »der ist sauer«, »ihm hat sich etwas auf die Leber geschlagen«, »dem läuft die Galle über« und so fort.

Die Musiktherapie sollte allgemeine Musik anwenden, die entspannend, krampflösend, wärmend und symphonisch-harmonisch ist und auch so wirkt. Zum Beispiel Mozarts *Zauberflöte*, Beethovens 8. *Symphonie*, Mahlers *Lied von der Erde*, die *Ouvertüre* zu Rossinis *Die seidene Leiter* sowie *Divine Love*, 2. Seite.

Fallbeispiel
Unsere Praxis wird oft von Müttern mit kleinen Kindern aufgesucht. Die Kleinen klagen sehr häufig über *Bauchschmerzen*. Über das 3. Chakra erfährt das Kind die Umwelt besonders intensiv, weil dieses Kraftzentrum nicht nur ausstrahlt, sondern vor allem auch Energien aufnimmt. Deshalb sind es oft scheinbar geringfügige Anlässe und Vorfälle, auf die das Kind mit Bauchschmerzen reagiert. Erste Kontakte mit anderen Kindern, eine ungewohnte Form der Aufsicht im Kindergarten, Streit in der Familie und vieles mehr nehmen Kinder unbewußt auf und reagieren über ihren »Bauch« darauf. In allen Fällen gebe ich gern Reiki. Zudem leite ich weißes und grünes Licht in die betroffene Region. Als Heilmusik haben sich *Tonfolgen aus der Pentatonik* als besonders wirksam erwiesen. Auch einfache Kinderlieder, die oft pentatonisch sind, bieten sich hier an. Ich ermuntere Mutter und Kind, zu Hause einige dieser Lieder gemeinsam zu singen und dabei tief ein- und auszuatmen.

Verstopfung

Ursache ist eine Stoffwechselstörung, speziell im Leber-Galle-Bereich mit nachfolgenden Stauungen im Dickdarm, evtl. mit starken Blähungen. (Auf mögliche seelische Gründe, wie Ärger, Festhaltenwollen und so fort gehe ich hier nicht weiter ein.) Auf jeden Fall werden auch Ernährungsfehler gemacht (übermäßiger Fleisch- und Schokoladenkonsum). Stark dynamisierende, anregende bis erregende Musik, mitunter auch in erhöhter Lautstärke, eignet sich als Ergänzungstherapie, hier ausnahmsweise *Marschmusik* (»damit der Durchmarsch kommt«) oder die *Planetenmeditation*.

Durchfall

Ursache in zahlreichen Fällen ist eine Funktionsstörung der Bauchspeicheldrüse. (Die Bauchspeicheldrüse ist der psychische Resonanzboden für alle seelischen Belastungen, mit denen ein Mensch zu kämpfen hat und nicht fertig wird.) Sobald Durchfall begleitet wird von Müdigkeit, Abgeschlagenheit und Lustlosigkeit, ist die Bauchspeicheldrüse auf jeden Fall beteiligt.
Neben einer spezifischen Behandlung über den Milz-Pankreas-Meridian sollten wir eine Musik wählen, die ruhig und gleichmäßig, aber zurückhaltend klingt; zum Beispiel die *Melancholische Serenade* von Tschaikowsky, Brahms' *Klarinettenquintett op. 115* oder sowohl *Dreams* als auch *Spiritual Donation*.

Blasenbeschwerden (zum Beispiel Brennen beim Harnlassen)

Ursache sind oft Erkältungen, die auch sehr lange zurückliegen können.
Ergänzend zur gezielten homöopathischen Behandlung kommt eine Musik zum Einsatz, die tief gestimmt ist und »dumpf« klingt; zum Beispiel *Baßstimmen* (Hermann Prey oder Paul Robeson) und *Baßinstrumente*.

Durchblutungsstörungen, zum Beispiel Krampfadern

Ursache neben genetischen Prädispositionen sind häufig Ernährungsfehler (zuviel Fleisch), Rauchen und Bewegungsmangel.
Durchblutungsstörungen sollte man sehr ernst nehmen, weil es zu vorzeitigen Störungen in der Durchblutung des Gehirns kommen kann und bei gleichzeitigem Bluthochdruck die Gefahr eines »Schlaganfalls« droht.
Beschwingte Tanzmusik, am besten ist, man tanzt selbst dazu (auch allein!), ist als musiktherapeutische Maßnahme angezeigt.
Zum Beispiel *Walzer*, *Foxtrott* und *Swing*.
Dazu gründliche Ernährungsumstellung von Eiweiß auf Kohlehydrate und übliche weitere naturheilkundliche Behandlungen, zum Beispiel Kneippanwendungen.

Zum Verständnis der grundlegenden Gesetze des Universums bin ich nicht durch rationales Denken gekommen.

Albert Einstein

9

Das Wunder der Musik

Impulse für den persönlichen Weg

Es ist offensichtlich, daß wir in einer Wendezeit leben, in der sich ungeheure Veränderungen und Umwälzungen ereignen – politisch, klimatisch, kulturell, medizinisch und religiös.
Für jedermann sind die Veränderungen auf der Erde selbst sichtbar und spürbar: seien es die klimatischen Verschiebungen gewohnter Wettermuster, seien es Erdbeben, Vulkanausbrüche, Überschwemmungen, Stürme und Dürreperioden.
In der Physik ist das klassische Bild der mechanisch aufgebauten und wie ein Uhrwerk funktionierenden Welt seit Anfang unseres Jahrhunderts, seit Einsteins Entdeckung der Relativitätstheorie, überholt. Den alten linear-materialistischen Vorstellungen über das Leben hängen nur noch wenige Menschen an. Statt dessen wird in der Mehrheit anerkannt, daß wir in einer Welt der ständigen und fließenden Veränderungen leben, in der Raum und Zeit als vermeintliche Begrenzungen unseres Lebens überwunden werden können.
Immer mehr Menschen finden zu einer inneren, stilleren Harmonie, die im Jetzt begründet ist. Sogar im politischen Raum fallen alte Paradigmen in sich zusammen: Nationalstaatlichkeit, Rassismus, Diktatur haben keine echte Chance mehr – wir haben erkannt, daß nur demokratisches Miteinander und menschliches Füreinander in solchen Zeiten des Umbruchs, wie wir sie erleben, helfen und heilen können.
Auch im sozialen Bereich haben wir eine Ablösung der Agrarwirtschaft durch die Industriewirtschaft erlebt. Jetzt befinden wir

uns am Anfang einer Informationsgesellschaft, die wiederum – wie ich meine, recht bald – von einer Bewußtseinskultur abgelöst werden wird.
Auf dem Feld des Bewußtseins sehe ich die größten Herausforderungen und die vielversprechendsten Chancen der Menschheit: Nur ein ganzheitliches Bewußtsein und nicht Partikularinteressen können Leitlinie für alle wirtschaftlichen, sozialen, kulturellen und religiösen Entscheidungen und Verhaltensweisen sein, um eine Welt zu schaffen, in der wir sowohl die äußeren Probleme der Überbevölkerung, der Lebensmittelproduktion und des Weltfriedens lösen als auch das Ziel erreichen, persönlichen Lebenssinn in der individuellen Verwirklichung unserer Göttlichkeit zu finden.
In der Musik haben wir die Ablösung von den festen Ordnungsprinzipien der Klassik erlebt, wir haben eine »ungebundene«, damit aber oft auch disharmonische Anschauung dessen, was Musik sein soll, gehört. Die »New-Age-Musik«, gerade, wenn sie nicht im Süßlich-Sentimental-Ätherischen steckenbleibt, vermag sehr wohl, neue Wege in eine freie und doch harmonische und heilende Musikkultur zu zeigen.
In der Medizin vollzieht sich ein Wandel weg von der Apparate- und Medikamentenmedizin, welche den Menschen selbst als »Fall« und als »reparaturbedürftige und reparable Maschine« betrachtet, hin zu naturgemäßen und ganzheitlichen Therapieauffassungen.
Letztendlich stellt sich der Mensch selbst immer stärker in Frage. Wir fragen nach dem Sinn unseres Lebens, wir suchen nach unserem Ursprung, wir erkunden die wirklichen Ziele des Lebens und sinnen darüber nach, wohin wir nach dem Abschied vom Erdenkörper wohl gehen mögen. Dogmatische, rein traditionell begründete und intellektuell vertretene Antworten der Theologie, die nicht auf eigener und nachvollziehbarer mystischer Er-

fahrung beruhen, genügen uns zu Recht nicht mehr. Vor allem lassen wir nicht mehr zu, daß religiöse Oberhäupter oder Religions- und Konfessionszugehörigkeiten Menschen voneinander trennen wollen. Statt dessen geht es mehr und mehr Menschen darum, eigene innere spirituelle Erfahrungen zu gewinnen. Der Weg des inneren Lichts und Tons (der in Indien auch Surat Shabd Yoga oder Sant Mat heißt, also der Yoga des inneren Tonstroms oder der Weg der Meister) gewinnt an Gewicht. Wir finden ihn auch im Christentum, wenn zum Beispiel Angelus Silesius im »Cherubinischen Wandersmann« schreibt:

> Wer seine Sinne ins Innere hat gebracht, der hört, was man nicht hört und sieht in der Nacht.

Und:

> Es kann in Ewigkeit kein Ton so lieblich sein, als wenn des Menschen Herz mit Gott stimmt überein.

Der Wandel in der Religion geht von bloß äußerlichem Bekenntnis zu eigener innerer Erfahrung.
In unserer Wendezeit wird der Heilpraktiker stark gefordert. Er sieht das Alte und hat die Aufgabe, das Neue zu beginnen. Der Begriff »Heil-Praktiker«, deutet bereits darauf hin, daß es um ein neues Bewußtsein geht. Es geht um Heilung, also um das Heilsein, das auch mit Heiligkeit und Ganzheitlichkeit zu tun hat. Es geht nicht mehr um Krankheit, um Krankenhaus, Krankenversicherung oder um Doktor, Arzt und Medizin, sondern um Gesundung und Heilung als zwei Aspekte eines einzigen Prozesses. Allerdings: Man kann heil sein, auch ohne gesund zu sein. Und wer gesund ist, ist deswegen noch nicht unbedingt heil. Mein persönliches Credo lautet: Über die Gesundung hinaus zur Heilung!

Der beginnende Bewußtseinswandel fordert veränderte und praktikable Therapien, Methoden und Heilmittel. Eigene Souveränität ist gefragt, nicht das blinde Folgen aufgrund mangelnder ganzheitlicher Einsicht oder das Nachbeten »standesgemäßer« Leerformeln aus politisch-materiellen Interessen heraus.
Jeder Heilpraktiker, der in unserer Zeit bewußt und sinnvoll als solcher wirkt und dient, erfüllt damit eine Aufgabe, derentwillen er in dieses Leben getreten ist.
Übrigens: Auch kein Patient kommt »zufällig«.
Jeder Gedanke, jedes Gespräch, jedes Heilmittel, jede Behandlung sollen zur ganzheitlichen Heilung führen – denn alles ist Schwingung, alles ist Klang. Die Musiktherapie stellt ein Heilmittel erster Ordnung dar für eine Menschheit, die sich in der Wendezeit zur Bewußtseinskultur befindet.
Vielleicht ist meine Entdeckung der Entsprechung der Grundlagen der Pentatonik und der Grundzüge der fünf dynamischen Wandelphasen der taoistischen Akupunktur ein Schritt in diese Richtung.

Musik dient als harmonische Brücke, über welche die ganze Liebe und Freude, die ganze Fülle Gottes und seiner Schöpfung zu uns kommen kann.
Über Meditation und Kontemplation gelangen wir in die Ebene des

Ich bin – Ich bin Licht
Ich bin Klang – Ich bin Harmonie
Ich bin es in der Tat.

Autoren- und Quellenverzeichnis

1 Tame, David: Die geheime Macht der Musik. Zürich 1991: Musikhaus Pan.

2 Medical World News vom 13.6.1969.

3 Klaus, Heinrich: Heilung und Selbstheilung durch Imagineering. München 1990: Goldmann.

4 Mohr, Klaus: reform-rundschau 3 (1994) 13.

5 Zit. nach: Goldmann, Jonathan: Healing Sounds. Shaftesbury (Dorset)/England 1992: Element Books, S. 90.

6 Campbell, Don G.: The Roar of Silence. Healing Powers of Breath, Tone and Music. Wheaton/USA 1990: Quest Books, S. 83 ff.

7 Dossey, Larry: Music and Miracles. Wheaton/USA 1990: Quest Books, S. 53 ff.

8 Cousto, Hans, und Reuschel, Matthias: Orpheus. Die Wirkungen der Rhythmen unserer Erde auf Körper, Geist und Seele. Berlin 1991: Simon und Leutner, S. 60.

9 Dewhorst-Maddock, Olivea: Selbstheilung durch Klang und Stimme. CH-Aarau 1993: AT-Verlag, S. 11.

10 Bach, Edward: Gesammelte Werke. Von der Homöopathie zur Bach-Blüten-Therapie. Grafing 1988, 4. Aufl. 1994: Aquamarin Verlag.

11 Bach, Edward: Die 12 Heiler und andere Heilmittel. Fürth 1993: Lang-Büttner.

12 Kraaz von Rohr, Ingrid, und Rohr, Wulfing von: Bachblüten und spirituelle Heilung. München 1995: Knaur.
Hackl, Monnica: Crystal Energy. (Kristallenergie.) Neue Jugend und Gesundheit durch Metalle, Blüten und Farben. Das Praxisbuch. München 1992, 2. Aufl. 1993: F. A. Herbig Verlagsbuchhandlung.

Literaturhinweise

Binder, Walter: Der Energiekörper im Feld der Reiki-Kraft. Verlag für Naturmedizin und Bioenergetik, Deggendorf 1990.

Blaszok, Beate: Reiki fürs Leben. Goldmann Verlag, München 1994.

Busse, Ernst, und Busse, Paul: Akupunkturfibel. Richard Pflaum Verlag, München 1975.

Cousto, Hans: Die kosmische Oktave. Der Weg zum universellen Einklang. Synthesis Verlag, Essen 1984.

Cousto, Hans, und Reuschel, Matthias: Orpheus. Die Wirkungen der Rhythmen unserer Erde auf Körper, Geist und Seele. Simon und Leutner, Berlin 1991.

Dewhurst-Maddock, Olivea: Selbstheilung durch Klang und Stimme. AT-Verlag, CH-Aarau 1993.

Dobretzberger, Fritz, und Paul, Johannes: Farb-Musik. Simon und Leutner, Berlin 1993.

Giesen, Hans: Pa-Fa. Klassisch-chinesische Akupunktur. Eigenverlag, Düsseldorf o.J.

Goldmann, Jonathan: Healing Sounds. Element Books, Shaftesbury (Dorset) 1992.

Kraaz von Rohr, Ingrid: Bachblüten und Farbtherapie. Knaur, München 1994.

Kraaz von Rohr, Ingrid: Die Farben deiner Seele. Mit über 70 Behandlungsvorschlägen. Goldmann Verlag, München, 3. Auflage 1994.

Rohr, Wulfing von: Meditation. Kraft aus der Mitte. Goldmann Verlag, München, 3. Aufl. 1994.

Rohr, Wulfing von: Es steht geschrieben … Ist unser Leben Schicksal oder Zufall. Ariston Verlag, Genf/München 1994.

Schwarz, Engelbert: Heilende Kräfte in der Musik. Dreieichen Verlag, München 1982.

Watson, Andrew, und Drury, Neville: Sphärenharmonien. Aquamarin Verlag, Grafing 1989.

Werner, Benno: Energie und Ernährung im Rhythmus der Jahreszeiten. Die ganzheitlich integrative Ernährung. Knaur, München 1994.

Stichworte zur Begleit-CD

1.	Text I Einführung	0:35	
2.	Text II Yin & Yang	0:41	Yin & Yang-Ausgleich
3.	Musik 1	3:05	Dreiklänge: C - E - G UND C - ES - G
4.	Text III	0:52	
5.	Musik 2	6:42	Einzeltöne der Chakren
6.	Musik 3	2:02	1. Chakra Variation
7.	Musik 4	1:31	2. Chakra Variation
8.	Musik 5	3:45	3. Chakra Variation
9.	Musik 6	1:04	4. Chakra Variation
10.	Musik 7	2:35	5. Chakra Variation
11.	Musik 8	2:42	6. Chakra Variation
12.	Musik 9	1:54	7. Chakra Variation
13.	Text IV	0:52	Einleitung: H-Dur – h-Moll
14.	Musik 10	3:05	Dreiklänge: H-Dur – h-Moll
15.	Text V	0:51	Sheng-Kreis
16.	Musik 11	8:07	Sheng-Kreis und Volksweisen
17.	Text VI	0:34	Sphärenklänge
18.	Musik 12	3:02	Einzeltöne der Sphären
19.	Musik 13	3:42	Sphärenvariationen
20.	Text VII	0:30	Meditation – 6. Chakra
21.	Musik 14	13:43	Meditationsmusik für das 6. Chakra und als Ausklang
Gesamtspielzeit:		62:44	

Sandelan-Musik

Das Besondere der Sandelan-Musik besteht unter anderem darin, daß sie insgesamt direkt eingespielt und nicht aus verschiedenen Sequenzen am Computer synthetisch zusammengefügt ist. Darin ist der wesentliche Unterschied zu anderer Entspannungs- und Meditationsmusik zu sehen. Denn hier überträgt sich die ganze Schwingung des Menschen, der eine innere Musik als eine geschlossene Einheit auf dem Instrument spielt. Damit entsteht eine Darbietung und Übermittlung, in der das Musikstück in sich geschlossen vorgetragen und aufgenommen wird. Der Musiker verändert die auf dem meditativen Wege empfangene Musik nicht.

- *Einklang* – Heilen mit Musik
- *Spiritual Healing*
  Die Nummer 1 der heilenden »New Age«-Musik im deutschsprachigen Raum! Verwendet in Kliniken, Heil- und Massagepraxen und Meditationskreisen. Heilt das Herzchakra.
- *Silence*
  Diese Musik strahlt Ruhe aus und vermittelt Gelassenheit. Sie hilft bei übermäßigem Streß und sogar bei Einschlafstörungen.
- *Bliss*
  Eignet sich besonders als ausgleichende und beschwingte Hintergrundmusik bei allen Tätigkeiten.
- *Planetenmeditation*
  Eine Musik, die Weite vermittelt. Sie spricht vornehmlich die unteren Chakren an, dynamisiert und löst Blockaden.
- *Divine Harmony*
  Harmonie ist das Ziel unseres Lebens, des Individuums und

der Gesellschaft. Diese Musik ist gut geeignet für Gruppenmeditationen und in der Heilung bewährt; sie führt zur spirituellen Entwicklung.

- *Divine Love*
  Wirkt beruhigend, baut Aggressionen ab und ist eine gute Hilfe, wenn die Stimmung mal auf dem Nullpunkt ist.
- *David*
  Harfe, Cello und Panflöte geben dieser Musik ihren unverwechselbaren Charakter. Diese Musik ist sehr melodisch, einfühlsam, öffnend, harmonisierend und gibt neue Kraft.
- *Life and Lights*
  Wer Sinn hat für das Rauschen eines Baches und herrliche Vogelstimmen, findet hier Erfüllung. Diese Musik ist sowohl erdverbunden als auch sphärisch.
- *Spiritual Journey*
  Eine geistige Reise durch die Welt der Chakren in phantasievollen Musiksequenzen. Sie werden kreativ angeregt, innere Bilder zu erleben und erfahren eine Harmonisierung und Aktivierung der Chakren.
- *To You*
  Eine Hintergrundmusik, die von Belastungen löst, deutlich entspannt und Wohlbefinden schenkt.
- *Dimensionen*
  Ein alles überstrahlendes Licht empfängt uns, Musik von Seelen in Harmonie erklingt aus den Weiten. Die Klangwogen von Chören, Geigen und Vibraphonen stimmen uns ein in die Sprache der Sonnen, zarte Weisen sich wiegender Engelwesen durchschwingen den Raum. Diese Musik verbindet die Ebene der Erde mit den höheren Dimensionen. Zur Erinnerung an K. O. Schmidt und sein Buch *Die Götter des Sirius*.

- *Cosmic Conciousness* (z. Z. nur MC)
  Obertonmusik für Liebhaber höherer Oktaven.
- *Dreams* (z. Z. nur MC)
  Verbindung von Obertonmusik mit träumerischen Klängen.
- *Spiritual Donation* (z. Z. nur MC)
  Eine mystische Obertonmusik von großer Tiefe, Zartheit und Unendlichkeit.
- *Meditation – Wege zu Harmonie und Lebenskraft*, Reihe Einklang; mit zwei geführten Meditationen zu Musik von Sandelan, »Healing – Meditation zur Heilung« und »Light – Meditation zum Licht«; MC und CD.

Darstellungen der Akupunkturpunkte

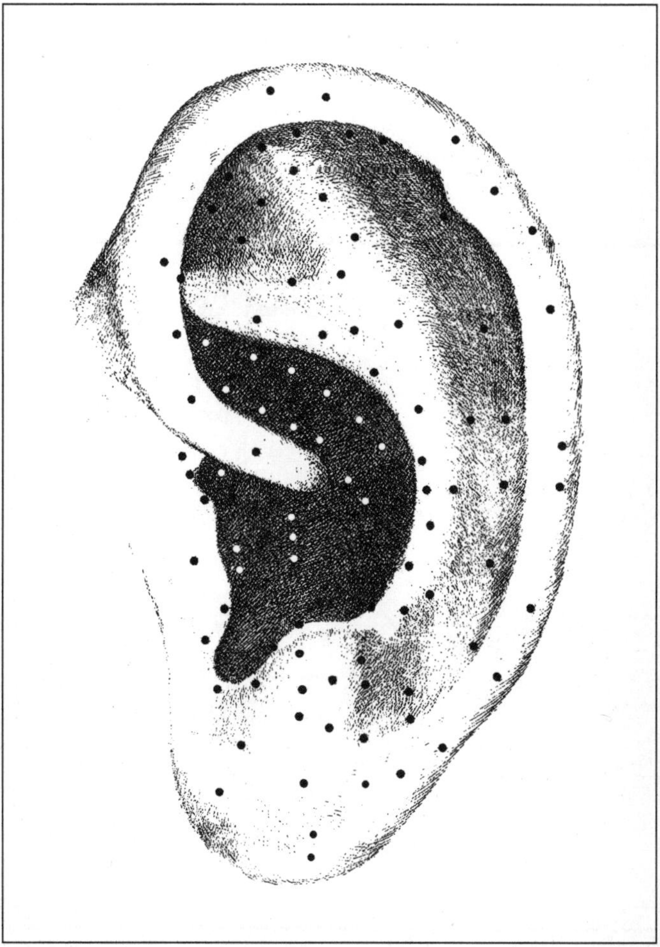

Abb. 13: Die Ohrmuschel als Reflexzone des ganzen Körpers

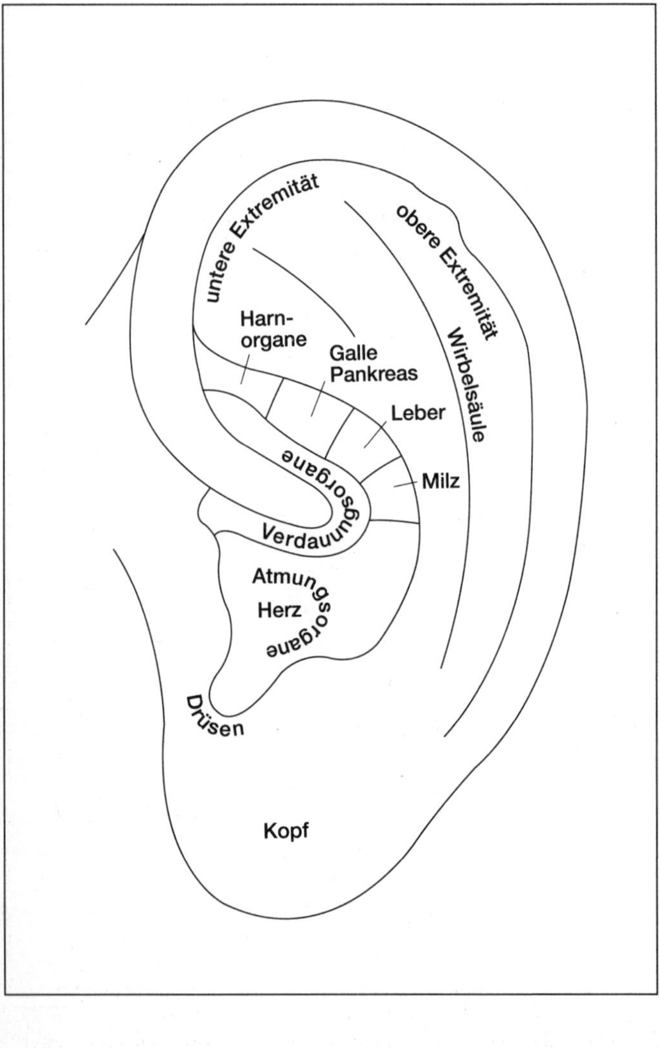

Abb. 14: Die Lokalisation der wichtigsten Organe und Körperabschnitte

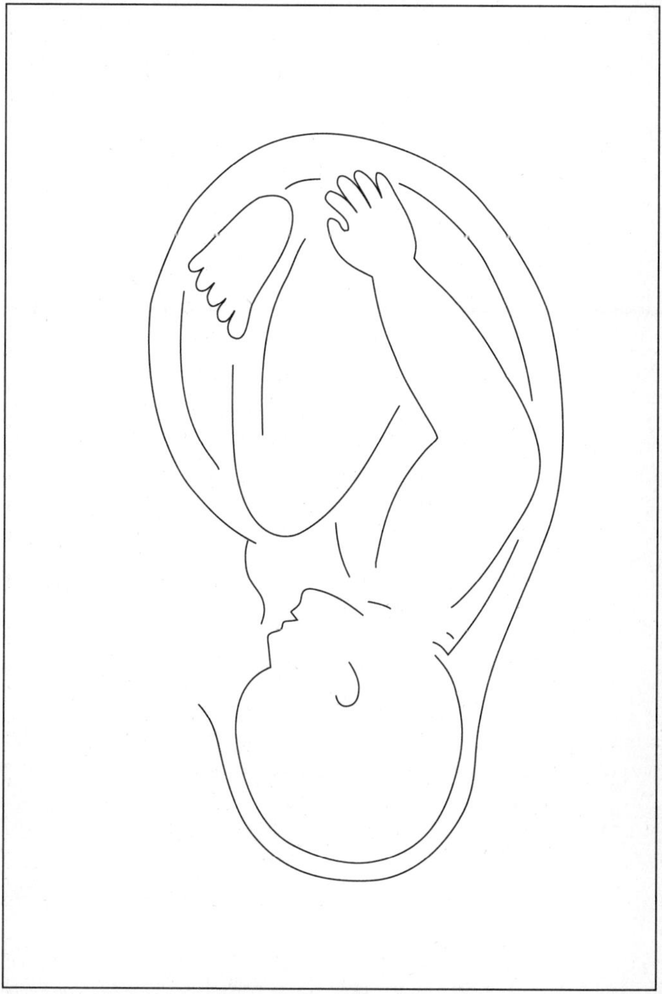

Abb. 15: Projektion eines Fetus in die Ohrmuschel
Die Akupunkturpunkte der einzelnen Organe bzw. Körperabschnitte werden auf das Ohr als Modell eines auf dem Kopf stehenden Fetus projiziert

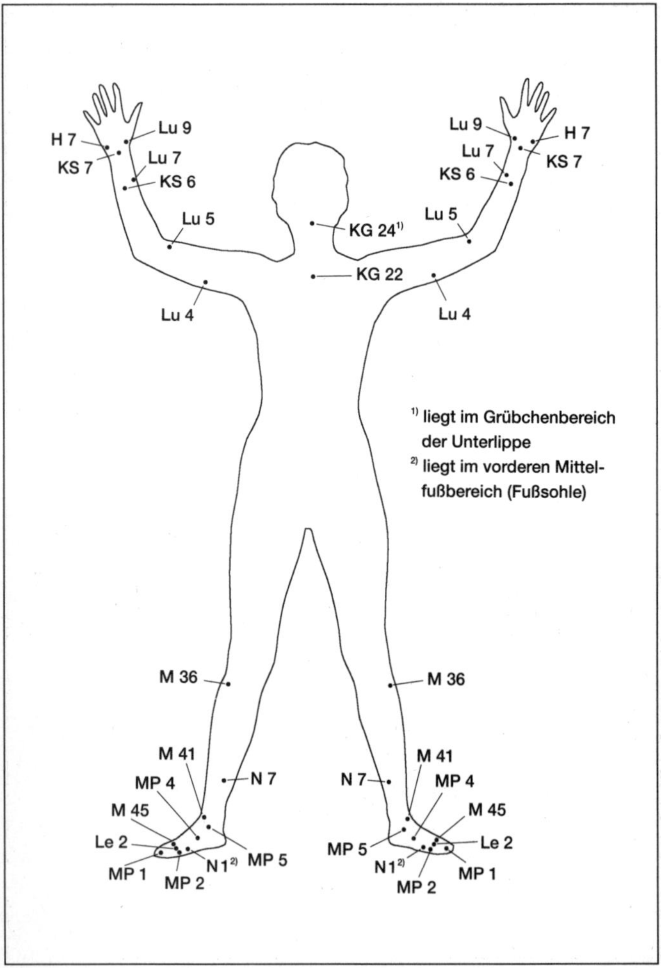

Abb. 16: Tonisierungs- und Sedierungspunkte auf den Meridianen, frontal
Zeichenerklärung: B = Blase, Di = Dickdarm, 3-E = Dreifach-Erwärmer, Dü = Dünndarm, G = Galle, GG = Gouverneurgefäß, H = Herz, KG = Konzeptionsgefäß.

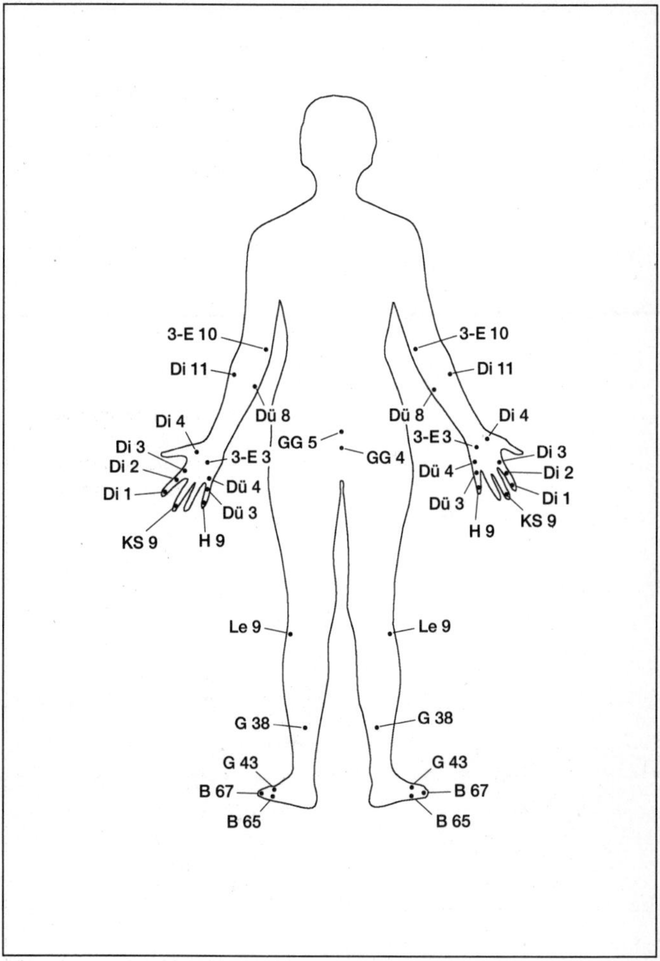

Abb. 17: Tonisierungs und Sedierungspunkte auf den Meridianen, dorsal
Zeichenerklärung: KS = Kreislauf, Le = Leber, Lu = Lunge,
M = Magen, MP = Milz-Pankreas, N = Niere

Adressen

- *Sandelan-Musik*

Sandelan-Musikvertrieb
Löhrstraße 18. 56068 Koblenz
Tel.: 0261/14241, Fax: 0261/14241

- *Therapeutische Hilfsmittel*

Frequenzgeber (»Brainman«)
Fa. A. Wunsch Medizingeräte
Bergheimer Straße 116. 69115 Heidelberg
Tel.: 06221/163457

Stimmgabeln (nach Hans Cousto)
In jeder guten Esoterik-Buchhandlung erhältlich
oder direkt bei
Aquarius – Frank M. Schenker KG
Schleißheimer Straße 82, Rückg. 80797 München
Tel.: 089/5234093

Fa. A. Wunsch Medizingeräte
Adresse siehe oben

Farbhandlampen (mit auswechselbaren Filtern) für die Praxis
Fa. Wunsch Medizingeräte
Adresse siehe oben

Farbhandlampen (mit auswechselbaren Filtern) für die Selbstbehandlung
Wrage Versand Hamburg
Schlüterstraße 4. 20146 Hamburg
Tel.: 040/455240, Fax: 040/442469

Crystal-Cards
In jeder guten Esoterik-Buchhandlung erhältlich
oder direkt bei
Aquarius – Frank M. Schenker KG
Adresse siehe oben

Schweiz: POSIVITA-Zürich
Rotbuchstraße 16. 8033 Zürich
Tel.: 01/3623040

- *Seminare*

Vorträge und Seminare über Musiktherapie für Laien wie Therapeuten
Termine und Orte auf Anfrage
Sandelan alias Joseph Tenspolde
Löhrstraße 18. 56068 Koblenz
Tel.: 0261/14241, Fax: 0261/14241

- *Meditation mit dem inneren Tonstrom*

Nähere Auskünfte über die Meditation mit dem inneren Ton erhalten Sie bei

1 Deutschland: Helga Kammerl
Jägerberg 21. 82335 Berg
Tel.: 08151/50449, Fax: 08151/51038

2 Österreich: Herbert Wasenegger
Mautner Markhofgasse 13–15/V/3. 1110 Wien
Tel.: 01/7491871

3 Schweiz: Angela Seiler
Tödistraße 20. 8022 Zürich
Tel.: 01/2022372

Der Autor

Sandelan alias Joseph Tenspolde
Löhrstraße 18. 56068 Koblenz
Tel.: 0261/14241, Fax: 0261/14241